성과를 내는 조직의 '거래의 원칙'

익스체인지

익스체인지

초판 1쇄 인쇄   2023년 2월 15일
초판 1쇄 발행   2023년 2월 25일

지은이   김세훈
펴낸이   이종두
펴낸곳   ㈜새로운 제안

기획·편집   장아름
디자인   이지선
영업   문성빈, 김남권, 조용훈
경영지원   이정민, 김효선

주소   경기도 부천시 조마루로385번길 122 삼보테크노타워 2002호
홈페이지   www.jean.co.kr
쇼핑몰   www.baek2.kr(백두도서쇼핑몰)
SNS   인스타그램(@newjeanbook), 페이스북(@srwjean)
이메일   newjeanbook@naver.com
전화   032) 719-8041   **팩스**   032) 719-8042
등록   2005년 12월 22일 제2020-000041호
ISBN   978-89-5533-641-2(13320)

익스체인지

성과를 내는 조직의 '거래의 원칙'

김세훈 지음

EXCHANGE

새로운제안

이 책을 추천하는 사람들

기업과 고객의 관계, 즉 거래를 A부터 Z까지 재정의하고 Digital Transformation을 진행하는 지금 시대에 거래의 근본적인 요소를 다시 배울 수 있는 책이다. 거래로서 경영 활동들을 다시 보니 데이터 분석에도 많은 힌트가 되었다. 모든 고객과의 접점에 일독을 권한다.

고주현 SK브로드밴드 AI/DT Service팀 팀장

정답은 고객에게 있다. 선택은 상대방이 한다. 결과는 조직의 동기, 태도, 지식, 스킬의 체계적 향상에서 나온다. 중요한 깨달음이다. 김세훈 박사는 독자들이 깊이 빠져들 수 있도록 어려운 이야기도 쉽고 재미있게 펼쳐냈다. 경영 현장뿐만 아니라 우리 삶 속의 얽힌 실타래를 풀어가는 데도 큰 도움이 될 것이다.

김상민 SK에너지 PL

대퇴사 시대, 조용한 퇴사 등 오늘날 우리를 둘러싼 조직 환경은 거침없이 변하고 있다. 이럴 때일수록 우리가 집중해야 할 것은 경제활동의 본질적 행위, 바로 '거래exchange'다. 우리는 거래하며 살아간다. 거래의 대상은 고객이기도, 조직이기도 하다. 이 책은 왜Why 거래를 하는지, 어떻게How 거래의 가치를 만드는지, 어떤What 방법으로 성과를 내는지 안내한다. 대내외적으로 고객과 소통하는 모든 이들에게 훌륭한 지침서가 될 것이다.

김수연 GS리테일 HRBP 부문 매니저, 인적자원개발 박사

저자는 심도 있는 고민과 관찰을 통해 기업과 고객 관계에 대해 새로운 의견을 제시한다. 거래라고 하면 사람들은 무의식적으로 손해를 볼 것 같은 생각에 두려운 마음을 가진다. 『익스체인지』는 어떻게 기업과 고객이 win-win할 수 있는지 친절히 알려준다. 이 책은 꾸준히 노력하는 사람과 조직이 결과를 얻을 수 있도록 돕는 성과 퍼즐의 가이드가 될 것이다. 특히 고객과의 관계를 어려워하는 세일즈 관계자라면 반드시 읽어보길 추천한다.

서명식 AWS 세일즈 매니저, 『퍼펙트 세일즈』 저자

내가 금융 업종에 20년 넘게 종사하며 축적한 노하우보다 세상은 더 빠른 속도로 변화했다. 언제나 배움에 목마름을 느끼던 나에게 이 책은 단비 같은 존재다. 『익스체인지』는 지금의 나에게 초심으로 돌아가 고객과의 관계를 재정의하고 미래 방향을 설정하라고 조언해준다. 내 갈증을 채워준

이 책을 읽는 독자라면 나와 같은 행운을 갖게 될 것이다.

이영 미래에셋증권 PB 이사

증권사는 눈에 보이지 않는 금융 서비스를 다룬다. VIP 전담 부서에서는 상상을 초월하는 큰 거래가 빈번하게 이루어진다. 수많은 고객의 다양한 니즈를 충족시켜야 함은 당연하다. 이 책은 조직이 거래에서 가치를 창출하고 선택받기 위해 어떤 일을 해야 하는지 상세하게 알려준다. 직원 성장과 성과 창출을 고민하는 리더라면 이 책이 제시하는 방법들을 실천해보길 권한다.

임동욱 신영증권 APEX 프라이빗클럽청담 센터장

『익스체인지』는 상세한 설명과 팩트에 기반해 현업에 적용 가능한 내용들을 담고 있다. 현실에서 거래를 위해 무의식적으로 발현되었던 태도, 지식, 스킬들이 일목요연하게 정리되어 적절한 사례를 통해 독자에게 쉽게 전달된다. 이 책의 내용은 경험이 부족한 사회 초년생부터 산전수전을 겪은 기업의 리더에게도 많은 도움을 줄 것이다.

임한수 주식회사 HansPM 대표이사

기업 성과 최전선을 책임지는 세일즈와 고객 서비스 리더라면 반드시 읽어보아야 할 필수 바이블이다. 비즈니스 교환관계를 김세훈 박사만의 언어로 쉽게 풀어 쓴 이 책은 B2C뿐만 아니라 B2B 산업에서도 통용될 'exchange' 개념에 대한 깊은 통찰을 보여준다. 저자의 깊이 있는 식견과 번뜩이는 인사이트에 찬사를 보낸다.

정종근 주식회사 서연이화 인사실장 상무

고객들에게 차별적 가치를 제안할 수 있어야 살아남는 시대다. 이 책은 거래 창출의 방법과 절차, 실행 전략을 소개한다. 저자가 기업 현장에서 쌓은 소중한 경험에 학문적 배경을 더해 탄탄한 프레임워크로 구체적 성과론을 제시한다. 거래를 성사시키려는 모든 이들에게 이 책을 추천한다.

조장현 HSG 기업코칭연구소 소장

저자는 거래 개념을 기업과 고객 간 경제적 행위로 정의한다. 그리고 그 주체가 되는 직원의 동기와 역량을 고려해 거래 성과를 향상시킬 프레임워크와 실례를 제시한다. 다년간의 필드 경험에서 축적된 저자의 빛나는 통찰은 독자들에게 조직 성과를 창출하고 고객 가치를 높일 키워드를 찾는 여정에 훌륭한 안내자가 될 것이다.

허종 AccuWeather Korea 지사장

거래는 사업의 근간이다

애덤 스미스Adam Smith는 저서 『국부론The Wealth of Nations』에서 교환 관계가 경제의 중요한 요인이라는 것을 밝혔다. 핀 만드는 공장에서 노동자 1명이 모든 공정을 맡아 제품을 생산하는 경우 하루에 20개도 만들기가 힘들지만 철사를 자르고 뾰족하게 다듬는 여러 제조 과정을 10명의 노동자가 나누어 맡으면 생산성이 높아져 하루에 4만 8천 개를 만들 수 있다는 것이다.

처음에는 가치가 별로 없는 철광석이지만 쇠를 만들고 다듬고 구부리고 연마하는 분업의 각 과정에서 부가가치가 발생한다. 중간 생산물은 다음 공정을 통해 교환되고 최종 생산물이 탄생될 즈음에는 높은 경제적 가치가 발생한다. 시장의 역할은 제품과 서비스가 교환되고 거래되도록 하는 것이다.

시장에서 발생하는 거래는 거래 비용을 수반한다. 만약 거래가 없다면 모든 제품과 서비스는 기업이나 조직 내부에서만 만들어지고 소비될 것이다. 그러나 오늘날 소비되는 대부분의 제품과 서비스는 여러 과정을 거쳐 교환되고 최종적으로 소비자에게 전달되며 소비자는 제품과 서비스에 대한 대가로 비용을 지불한다. 제대로 기능하는 시장에서는 거래 과정에서 기업과 소비자 사이에 상호 이익과 가치가 발생한다.

인간이 먹고사는 대부분의 문제는 경제 시스템과 관련이 있다. 경제의 3대 주체인 정부, 기업, 가계 중에서 특히 기업과 가계가 연결되는 방식은 기업의 주요 관심사가 된다. 기업은 제품과 서비스를 제공하고 고객(가계)은 대가를 지불한다. 기업의 지속 가능성은 곧 고객과의 거래를 얼마나 잘 일으키고 유지하는가에 달려 있다.

그렇기 때문에 기업은 궁극적으로 기업 고객이든 개인 고객이든 이익이 창출되는 교환관계에 중점을 둔다. 일반적인 경우 기업의 매출과 수익에 대한 성과 지표는 다른 주요 경영 지표들보다 우선순위를 가진다. 매출과 수익은 고객과의 거래에서 나오기 때문이다. 전략, 회계, 재무, 마케팅, 물류, 생산, 구매 등 기업 경영의 모든 영역이 중요하지만 결국에는 고객과의 거래가 얼마나 잘 이루어졌는지가 이해 관계자 모두의 공통적인 관심 대상이 되는 것이다.

이처럼 '거래exchange'는 중요한 개념이며 다양한 분야에서 부각된다. 자본주의 사회에서 증권거래소는 중요한 시장 조성자 기능을 한다. 기업은 자산의 일부를 주식이라는 형태로 주주들에게 내어주고 자본과 교환한다. 그렇기 때문에 '증권거래소'는 exchange라는 명칭을 사용하며 '시장 거래'라는 의미를 내포한다.

조직 내부에서도 다양한 거래 관계가 관찰된다. 인사 조직 연구의 관심 분야 중 하나인 '리더-부하 교환관계Leader-Member Exchange; LMX' 개념은 리더(상사)와 부하 간의 거래에 관심을 둔다. 둘 사이의 관계에 높은 신뢰가 존재하고 활발한 교환관계가 관찰된다면 더 높은 성과를 창출할 가능성이 크다.

인간을 바탕으로 하는 시스템은 인간 심리 특성상 다양한 변수를 포함하기 때문에 정확한 결과를 예측하기 어렵다. 그러나 다양한 시스템 간 차이와 각 시스템 안에 내재된 복잡성에도 불구하고 인간 시스템의 공통점이 하나쯤은 있다. 바로 본 책에서 주목하는 '거래' 개념이다.

기업과 고객의 관계에서 발생하는 교환관계가 중요한 이유는 그것이 기업이 오랜 시간 성장하고 유지될 수 있는 원동력인 이익 창출의 근원이기 때문이다. 조직 구성원의 거래 성과를 향상시키기 원하는 조직 및 관리자의 노력과 고민은 현대 기업 경영의 역사 동안 이어져왔다. 그렇다면 어떻게 조직의 거래 성과를 높일 수 있을까?

$$B = f(P \times E)$$

조직 심리학자인 쿠르트 레빈Kurt Lewin은 '장이론Field Theory'을 제시했다. 그는 전체론적 관점에서 조직 속에 존재하는 개인을 이해하려고 했다. 레빈의 인간 행동에 대한 연구에서 '장field'은 심리적인 요인에 의해 영향을 받는 개인의 생활 공간을 의미한다.

위 공식에서 B는 행동behavior, P는 개인person, E는 환경environment을 나타낸다. 즉, 행동으로 표현되는 성과는 개인과 환경의 함수로 표현된다. 행동은 개인적 요인(타고난 능력, 기질)의 영향을 받는다. 그러나 경영자가 주목할 것은 환경적 요인이다. 조직에서 개인에 영향을 주는 가장 큰 요인 가운데 하나는 관리자다. 관리자는 개인의 장에 직접 들어가서 개인 행동에 영향을 주어 결과를 변화시킬 수 있다.

그런데 조직의 희망에도 불구하고 구성원의 성과는 투입된 자원에 비례해 늘어나지 않는다. 인텔Intel의 전설적 경영자 앤디 그로브Andy Grove는 개인의 성과 창출 과정을 동기와 역량, 단 두 가지 요인으로 정리했다.

$$성과|performance = 동기|motivation \times 역량|competence$$

동기와 역량이 있으면 성과가 창출된다. 그러나 성과의 두 요인은 곱셈 관계다. 따라서 동기는 있지만 역량이 없는 상태, 동기는 없지만 역량이 있는 상태에서는 여간해서 원하는 결과물을 얻기 어렵다. 동기와 역량이 모두 없는 상태는 말할 것도 없다. 따라서 관리자의 역할은 이 두 가지에 집중된다. 직원의 동기를 높이고 역량이 향상되도록 교육하는 것이다. 물론 그는 프로페셔널이라면 스스로 동기를 관리해야 하고 누군가가 동기를 향상시켜줄 것으로 기대해서는 안 된다고 했지만 역량 향상을 위한 교육에는 끝이 없고 정해진 범위도 없다고 했다.

전화를 받는 기본적인 방법부터 조직의 존재 이유인 기업 가치를 전하는 모든 과정이 관리자의 소관이다. 그렇기 때문에 인재를 성장시키는 능력 소지의 여부가 그저 그런 관리자와 뛰어난 관리자를 구분한다. 똑같은 자원으로 똑같은 일을 한다면 성과에서 발생하는 차이를 줄일 수 있도록 관리자는 끊임없이 노력해야 한다.

특히 팬데믹 이후 많은 기업들이 매출을 일으키고 이익을 창출해야 할 거래에서 전략적 성과를 창출하지 못하고 저하된 생산성, 영업 모델 부재, 조직원의 성과 관리 어려움으로 고통을 겪고 있다. 시장은 빠르게 변화하는데, 목표 달성에 필요한 핵심적 요인들을 조직이 직원들에게 교육시키지 못한 것이 주요 원인이다. 고객과의 교환관계를 만들고 유지하고 확대하는 데 필요한 핵심 역량과 성과 행동이 부족한 것이다.

관리자가 알아야 할 직원 교육에 필요한 실천적 역량은 대학 같은 고등교육기관에서도 배우기 어렵다. 그러나 경영진은 매일같이 거래의 중요성을 조직에 강조한다. 발로 뛰고 현장에 가서 고객을 만나라고 한다. 조직구성원들의 활동 지표는 회사의 실적으로 이어지기 때문에 경영진의 주요관심 대상이다. 하지만 이처럼 중요한 거래를 담당하는 세일즈나 고객 담당 부서 직원들은 역량 부족 문제로 일을 포기한다.

인간은 사회적인 동물이다. 직원들은 교환관계를 통해 교류하고 아이디어를 발전시키며 성과를 현실로 만들어낸다. 노력은 배신하지 않는다는 말이 있지만 일하는 방식을 모르고 잘못된 방향으로 에너지를 쏟다 보면노력도 배신을 한다. 조직이 고객과의 거래를 통해 더 나은 결과를 창출하고 싶다면 정확한 방향을 보고 필요한 노력을 하는 데 집중해야 한다.

앤디 그로브의 공식에서 보여지듯 뛰어난 관리자가 되기 위해서는 동기와 역량 어느 측면에 초점을 맞추고 직원들을 이끌어야 할지에 대한 고민이 필요하다. 성과를 내는 데 실패했다면 거꾸로 원인 분석을 통해 성공할수 있는 방법을 찾을 수 있다.

GE의 기초를 세운 에디슨Thomas Edison은 전구를 개발할 때 수없이 실패하고도 전구를 만들 수 없는 2천 개의 데이터를 얻었다고 자랑했다. 기업은 많은 인간으로 구성된 휴먼 시스템이다. 이러한 시스템이 고객과 교환관계를 통해 이익을 얻고 계속 성장하려면 지속적인 관심과 투자가 필요하다. 관리자는 그 끊임없고 반복적인 프로세스 속에서 중추적인 역할을해야 한다. 결국 직원들에 대한 동기부여, 역량 강화는 기업의 제품과 서비스의 가치를 높일 수 있는 경쟁 우위가 된다.

블루오션 전략을 제안한 INSEAD 경영대학원의 김위찬 교수는 경영을 한 단어로 요약한다면 Humanness, '인간다움'이라는 말로 표현하고 싶다고 했다. 경영을 뒷받침하는 수많은 통계와 지표, 데이터에도 불구하고 기업을 구성하는 기본은 사람이다. 인적자원human resources에 대한 투자 없이 고객과의 거래 창출도 있을 수 없다. 정리하면 다음과 같다.

- 고객과의 거래는 기업 활동의 근간이다
- 뛰어난 인적자원은 조직 경쟁 우위의 원천이다
- 고객과의 교환관계를 지속하려면 직원의 동기와 역량을 강화해야 한다

본 책에서 소개하는 내용들은 조직에서 근무하며 기업 활동의 최전방에서 고객 접점을 담당하는 영업, 서비스 직원을 위한 교육 체계를 정비하면서 고민하고 공부하고 보고 배우고 들은 것들을 정리한 것이다. 책에서 다루는 모든 내용은 직원 동기 강화와 역량 향상을 위한 교육 목적으로 실제 직간접적으로 사용되었다. 이론적인 것도 있고 경험적인 것도 있다. 타 산업에 적용 가능한 것도 있고 다른 맥락의 것도 있다.

운이 좋았는지 내가 속한 조직은 인적자원에 대한 투자를 통해 고객 관계 측면에서 상당한 성과를 냈다. 직원들은 우수한 고객과의 교환관계를 구축했고 마진이 높은 거래를 창출했으며 수익성에 기여했다. 지금부터 소개하는 내용들은 학술 논문이 아니므로 가능한 한 가볍게 설명하려고 한다. 특히 기초 단계, 입문 과정의 니즈를 가진 관리자나 구성원들에게 도움이 될 것이다.

본 책의 메리트는 다음과 같다. 첫째, 거래 개념을 관리자와 교육 관점

에서 설명한다. 둘째, 이해를 도울 수 있는 이론적 배경들을 함께 제시한다. 셋째, 실제 적용 가능한 프레임워크와 예시를 제공한다. 모쪼록 기업의 세일즈·서비스·고객 관계 관리자, 혹은 거래 성과를 높이고자 하는 개인들에게 도움이 되었으면 한다.

2020년 우리 삶을 강타한 COVID-19 사태는 조직과 구성원이 능력을 발휘하고 성과를 창출하는 과정에 큰 변화를 가져왔다. 구성원들의 조직에 대한 몰입은 떨어지고 직장과 일 중심의 삶이 곧 자신의 삶은 아니라는 생각이 널리 퍼졌다. 조용하게 할 일만 하면서 급여를 받으면 된다는 기조도 확산되었다. 젊은 구성원들의 성과 창출에 대한 기여는 줄어들었다. 고객과의 거래를 적극적으로 만들어내야 조직이 생존할 수 있고 자신도 생존할 수 있다는 생각도 구성원들의 머릿속에서 희미해졌다. 코비드 이후의 뉴노멀 시대가 서서히 모습을 드러내면서 과거의 성과 창출 공식으로 다시 돌아갈 수 있는가, 아니 돌아가야 하는가에 대한 많은 고민과 연구도 쏟아지고 있다.

하지만 환경 변화 속에서도 성과의 근간은 동일하다. 인간으로 구성된 기업이 인간인 소비자와 거래한다는 기본적인 사실에는 아무런 변화가 없다. 인터넷과 모바일 환경이 우리 생활 속으로 더 깊이 파고들고 인공지능과 머신러닝이 더 높은 확률을 제시해줄지는 몰라도 결정을 하는 것은 사람이다. 성과에 기여하고 조직과 개인의 지속 가능성의 토대가 되는 거래의 기본 문법은 전혀 변하지 않았다.

본 책에서 중점적으로 다루는 거래 개념은 기업 생존과 직결된다. 조직, 개인 할 것 없이 무한 경쟁의 시대에 살아남으려면 거래 상대의 선택을 받아야 한다. 제품이든, 서비스든, 아이디어든, 무형의 것이든, 유형의 것이든 거래되어야 한다. 이제부터 직원의 동기와 역량 향상을 통해 성과를 창출하고 고객 가치를 높이기 위한 exchange의 여정을 시작하겠다.

2023년 봄

김 세 훈 드림

차례

Chapter 1 ————————————————————

거래

Chapter 4

거래의 지식

Chapter 5 ──────────────────────────────────

거래의 스킬

──────────────────────────────────

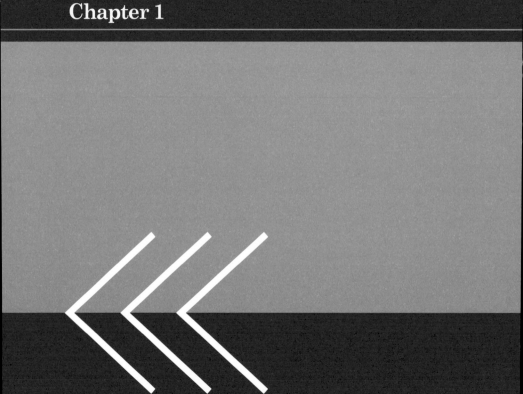

거래

| 01 |
거래에 필요한 생각

뛰어난 판매자는 상대에게 거래를 강요하지 않는다. 좋은 거래는 상대에게 선택지를 제시하고 결정을 받는 것이다. 기업이나 개인이 고객에게 뭔가를 팔아야 한다는 강박에 시달릴 때부터 거래는 잘 진전되지 않는다. 제품이나 서비스를 일방적으로 팔려고 해도 팔리지 않는다.

자동차 전시장의 영업 직원이 막 계약을 마치고 옆자리 직원에게 오늘 2대나 팔았다고 자랑하는 중이다. 직원 입장에서는 2대를 '팔았다'고 생각하기 쉽다. 그러나 고객 관점에서 생각해보면 다르다.

고객은 이 직원과 계약하기 전에 이미 많은 사람들을 만났다. 통상적으로 고객은 타 브랜드에서 5~6명 이상의 직원과 접촉하고 마음에 드는 브랜드에서도 두 번 이상 견적을 비교한다. 따라서 영업 직원이 '판매한 것'이 아니라 고객이 자발적으로 그 영업 직원과 '거래해준 것'이다. 직원에게는 결정권이 없다. 결정권을 가진 고객이 직원을 선택한 것이다. 회사나 직원이 고객이 계약서에 서명하도록 '만든 것'이 아니다. 결정은 고객의 몫이다. 거래의 시작은 '판다'가 아니며 거래란 고객에게 선택받는 과정임을 이해하는 것이 중요하다.

한 분야의 대가로서 이름을 날리는 사람들은 자신의 분야에 대한 좋은 정의를 가지고 있다. 자기만의 언어로 거래를 정의하는 것은 중요하다. 인간은 자율적으로 의미를 부여할 때autonomy 비로소 활동을 정당화하고 동기를 얻는다. 성경책을 가지고 있다고 예수처럼 살 수 있는 것이 아니다. 좋은 참고서도 본인 것으로 만들어 흡수해야 대학에 갈 수 있다. 좋은 거래가 어떤 것인지 스스로의 정의를 내놓지 못한다면 잘 모르는 것이다.

버트런드 러셀Bertrand Russell은 말로 설명할 수 없는 것에 대해서는 침묵하라고 조언했다. 스스로 안다고 생각하는데도 설명은 할 수 없는 현상을 '설명 깊이의 환상Illusion of Explanatory Depth; IOED'이라고 부른다. 어떤 사람이 자동차에 대해 잘 알고 있는지 확인해보려면 엔진 후드를 열어서 설명해보라고 하면 된다. 자동차가 고장났을 때 사람들은 고칠 줄도 모르면서 일단 엔진 후드를 열고 내부를 쳐다본다. 자동차에 대해 잘 모르는 것이다. 회의 시간에 자주 아는 척을 하는 상사가 자리를 박차고 일어나 칠판에 뭔가 그리기 시작하더니 마무리를 하지 못하고 도로 자리에 앉는다면 안건에 대해 잘 모르는 것이다. 잘 아는 사람이란 자동차를 고칠 수도 있는 사람이다.

어떤 일이든 시작하기 전에 방향을 잘 잡아야 한다. 영어 단어 disaster는 흔히 '재앙'이라는 뜻으로 번역된다. 초기 인류는 배를 타고 탐험을 했다. 바다를 건너 새로운 대륙과 희망의 땅을 찾아다니며 지도도 없이 깜깜한 망망대해를 건너다녔다. 뛰어난 항해사들은 별을 볼 줄 알았고 그것으로 방향을 잡았다. 그런데 나쁜 기상 때문에 밤하늘의 별이 보이지 않는다면 낭패다. disaster의 dis는 '사라지다', aster는 '별'이라는 뜻이다. 항해사에게 별이 사라지는 것은 진정한 재앙이며 바다에서 헤매다 죽을 수도 있다.

조직에서 고객 활동의 접점에 있는 사람들에게 거래에 대한 정의는 중요한 방향성을 제시한다. 방향성이 없으면 섣불리 움직이지 않는 것이 나을지도 모른다. 자신과 조직의 언어로 거래를 정의할 수 있느냐 없느냐는 이처럼 중요하다.

거래를 판매 행위, 물건·서비스를 통한 이익 창출, 생계 수단 정도로 정의하는 사람이 많다. 경험적으로 이 정도로 거래를 정의할 수 있는 사람도 20퍼센트 정도다. 나머지는 정의하려고 시도해본 적이 없다.

거래가 그렇게 쉬운 정의를 가졌다면 버스 기사는 운전하는 사람, 택시 기사도 운전하는 사람, 대리 운전 기사도 운전하는 사람이다. 위대한 기업 GE의 목적은 돈을 버는 것, 애플Apple의 목적도 돈을 버는 것, 구글Google의 목적도 돈을 버는 것, 삼성의 목적도 돈을 버는 것이다.

기업은 이익을 내야 하므로 틀린 말은 아니다. 그러나 돈은 거래의 목적이 아니다. 이익은 거래의 결과로 얻어지는 것이다. 좋은 기업은 고객과의 관계에서 추구하는 목적을 가지며 그것을 구성원들과 공유한다.

칼 융Carl Jung이 말한 것처럼 스스로 무언가를 생각해내는 것은 어렵기 때문에 대부분의 사람들은 남의 것을 판단만 하려고 한다. 그래서 스스로 거래에 대한 정의를 내리기 어려우면 롤 모델로부터 배운다. 영업 조직이라면 일을 처음 가르쳐준 지점장이나 선배를 흔히 롤 모델로 꼽는데, 선배들이 거래의 정의를 내리는 데 도움을 주지 않는 경우도 많다.

좋은 거래가 무엇인지 모르면 어떤 태도attitude를 취해야 할지 알 수 없다. 그러면 관련 지식knowledge이나 스킬skill이 발현되기 어렵다. 따라서 '거래란 무엇인가'라는 질문은 성과를 내기 위해 반드시 물어야 하는 첫 번째 질문이다.

......

힘을 빼야 거래를 할 수 있다

팔려고 발버둥치는 것과 좋은 거래를 창출하는 것은 다르다. 수영을 처음 배울 때는 물에 뜨는 것부터 어렵다. 물장구를 치거나 팔을 저으면서 숨을 쉬려고 하면 가라앉는다. 이미지 트레이닝으로는 쉬운데, 실전에서는 여지없이 물을 먹는다. 이럴 때 수영 선생님의 한마디는 큰 도움이 된다. 선생님은 학생에게 '힘을 빼라'고 조언한다.

편안하게 근육이 이완된 상태에서 몰입해야 가라앉지 않고 물도 안 먹는다. 힘을 뺄수록 빠르게, 멀리, 효율적으로 긴 시간 동안 수영을 할 수 있다. 초보자는 얼굴만 봐도 힘이 들어간 것을 알 수 있다. 자신도 모르게 인상을 쓰기 때문이다. 힘을 빼고 편안한 마음으로 경기에 임하면 상대적으로 좋은 결과를 얻을 수 있다.

칼 루이스Carl Lewis는 1980년대 세계 최고의 육상 스타로, '갈색 탄환'이라는 별명으로 불렸다. 그는 사상 최초로 100미터를 9초대에 주파했는데, 이전까지 스포츠 과학자들은 인간이 100미터를 9초대에 뛸 수 없다고 단언했다. 그런데 루이스에 관한 재미있는 사실은 스타트 후 경기 중반까지 4~5등으로 달리다가 갑자기 치고 나오곤 했다는 점이다. 그의 경기는 그래서 더 재미있었다. 비결은 무엇이었을까? 바로 '미소'였다.

루이스는 트랙을 달리면서 경기 중반에 갑자기 싱긋이 웃곤 했다. 100미터 단거리 경기에서 선수들은 젖 먹던 힘을 다해 악을 쓰며 달린다. 그렇게 인상을 쓴 선수들 사이에서 루이스가 갑자기 미소를 지으며 치고 나오는 것이다. 뇌 과학자들의 연구에 의하면 웃을수록 긴장이 풀리고 더 큰 잠재력을 발휘할 수 있다고 한다. 웃음은 초콜릿 바 2천 개를 먹었을 때 발현되는 긍정적인 에너지와 맞먹는다고 하는데, 종이 한 장 차이의 진검 승부라면 이와 같은 작은 요인도 승리에 도움을 준다.

힘을 뺀다는 것은 억지로 거래를 하려는 생각을 버리는 것이다. 팔려고 할수록 허우적거린다. 거래에는 노력 역효과의 법칙이 적용된다. 언행이 부자연스러울수록 상대의 선택을 받기 어렵다.

거래 성사를 진심으로 원하지만 목숨까지는 걸고 있지 않다는 것을 보여줄 필요도 있다. 한가한 소리로 들릴지 모르지만 자연스러운 태도는 거래 상대에게 다소의 심리적 압박을 줄 수 있고 나의 유능함을 깨닫게 만드는 전략적 레버리지로 사용된다. 거래 성사는 노력한 결과물이지 목적이 아니라는 사실에 유념할 필요가 있다.

......

거래를 관통하는 원칙의 중요성

피라미드는 인간이 만든 것 중 가장 완벽에 가깝고 오래된 구조물이다. 모두 시간을 두려워하지만 피라미드만 세월을 비웃는다는 말은 괜한 것이 아니다. 피라미드는 기원전 2,500년경에 만들어져 지금도 원래의 그 자리에 남아있다.

피라미드는 댐과 다리를 제외한 단일 건축물 중 최대 부피, 최대 무게를 자랑한다. 다양한 이론이 존재하지만 이 거대한 구조물의 탄생은 아직도 미스터리다. 과학적 상식으로는 밝히기 어려운 신비한 에너지의 존재도

흥미롭다. 피라미드 모양의 구조물은 신선한 우유를 상온에 방치해도 상하지 않게 하거나 식물의 성장을 촉진시킨다는 등의 이야기다.

모두 재미있는 이야기이지만 4,500년 동안 원형대로 남아있다는 점이 가장 놀랍다. 역으로 건축물을 오랜 기간 유지시키려면 어떻게 하면 될까? 피라미드 같은 구조로 지으면 된다. 시대가 변해도 피라미드를 유지시켜 온 원칙은 변하지 않는다. 안정적이고 튼튼한 기초가 그것에 오랜 생명력을 부여했다. 결론적으로 세상에는 문화, 환경, 기후와 상관없이 지속 가능하며 보편적으로 적용 가능한 법칙들이 있다.

사업의 근간이 되는 거래에도 보편적인 기초가 적용된다. 고대 중동과 이스라엘, 진나라 시기의 중국, 250년 전 일본의 에도시대, 19세기 산업혁명기의 영국, 20세기 미국에서 만개한 상업주의 시대에도 거래를 관통하는 원칙들이 존재했다. 좋은 거래를 정의하는 것은 사업 성공의 기본이다. 피라미드처럼 튼튼한 기초는 쌓기 어렵지만 일단 쌓기만 하면 위로 올라갈수록 속도가 붙고 성과가 높아질 것이다.

거래의 정의

1994년 5월 1일 F1의 전설이었던 아일톤 세나Ayrton Senna가 경기 중 사망했다. 이탈리아 중부 산마리노 이몰라 서킷에서 열린 그해 F1 그랑프리 제3전 경기에서 세나는 생애 65번째 폴 포지션[1]으로 쾌조의 스타트를 끊었다. 그러나 일곱 번째 랩에서 코너로 진입하던 윌리엄스 팀 경주 차는 콘크리트 벽을 들이받고 산산조각이 났다. 34세의 아일톤 세나는 불꽃 같은 생을 마감했다. 그는 10년 동안 2,982번의 선두 주행, 161회의 그랑프리 참가, 65회의 폴 포지션, 41회의 우승, 세 번의 F1 세계 챔피언과 같은 전무후무한 기록을 남겼다.

그가 레이싱에 대해 가졌던 생각은 사람들에게 영감을 준다. 그는 앞에 있는 목표를 향해 도전하지 않는다면 레이싱 드라이버가 아니라는 말을 남겼다. F1 드라이버는 단순히 자동차를 운전하는 사람이 아니라 한계에 도전하는 것을 직업으로 하는 사람이다. 이것이 레이싱 드라이버를 택시 기사, 버스 기사와 차별화시키는 사고방식이다.

내가 지금까지 만난 최고의 직원 3명은 다음과 같이 자신의 거래를 정

---

1 결승전 맨 앞자리에서 스타트하는 것이다.

의했다.

　　직원 A - '플러스 원' : 작은 행동을 더해 고객의 선택 확률을 높이는 것
　　직원 B - 고객의 '니즈'를 높이고 '허들'을 낮추는 일
　　직원 C - 고객이 구매할 '이유'를 만드는 행위

　　그들의 의견을 종합해보면 거래는 작은 행동을 더해 구매 확률을 올리고 구매할 이유를 만들며 사고 싶은 기분을 높이는 동시에 살 수 없는 이유를 제거하는 일이다. 명료한 정의를 글로 써서 지갑에 넣어두거나 책상에 붙여두면 강력한 동기부여가 된다. 다른 사람에게 멋지게 설명도 할 수 있다.

　　맛있는 파스타 만드는 비법을 정리할 때 면, 소스, 조리 방법, 세 가지 요소로 구분하면 쉽다. 환원주의reductionism는 현재의 이해하기 어려운 복잡한 상태를 작은 구성 요인들로 분해하는 것을 의미한다. 잘게 조갠 것을 하나씩 해결하면 큰 문제도 어느 순간 정리가 된다.

　　뛰어난 직원이 관리자가 되었을 때 어려움을 겪는 것은 이 연장선에서 이해할 수 있다. 자신에게 암묵적으로 체득된 지식이나 스킬을 누군가에게 설명하려면 어려운 것이다. 뭔가를 행동으로 '하고 있다'고 해서 의미를 다 이해한다거나 설명할 수 있다는 것은 아니다.

　　같은 버스 기사라 하더라도 어떤 사람은 단지 자동차 운전을 할 뿐이라고 생각하지만, 뛰어난 사람은 승객이 A에서 B 지점으로 이동하는 데 필요한 정확한 스케줄과 안전 운행이라는 가치를 통해 대중교통 체계와 사회 발전에 공헌하는 사명감을 가지고 있을 수도 있다. 관리자는 성과를 내려

고 하기 전에 고객과의 교환관계가 조직에 어떤 의미를 가지는지 직원들에게 충분히 설명하고 납득시켜야 한다.

아리스토텔레스Aristoteles는 설득은 인간에게 가장 중요한 활동이라고 했다. 다른 사람들에게 영향력을 미칠 수 있기 때문이다. 설득은 말로 이해시키는 것이다. '설득說得'이란 '말(말씀 설)'로 상대가 '득(얻을 득)'을 얻게 하는 일이다. 상대가 나의 이야기에 귀를 기울이려면 시간을 내어 들어줄 만한 메리트得가 있어야 한다. 메리트를 이해하기 쉽도록 구체적으로 말해주어야 비로소 들을 마음이 생긴다. 즉, 설명이란 메리트를 말로 전하는 일이다. 상대가 설득되지 않으면 내가 어떤 설명을 했는지 다시 살펴봐야 한다. '설명說明'이란 '말(말씀 설)'로 '밝혀(밝을 명)'주는 것이다. 말로써 확실하게 구체적으로 알려주어야 한다.

관리자는 베테랑 직원들에게 어떻게 좋은 거래를 만들 수 있는지 그 경험을 나누고 분해해 구체적으로 다른 직원들에게 설명해달라고 요청해야 한다. 좋은 거래 프로세스의 필수적 요소를 말로 알려달라고 하는 것이다.

프로와 아마추어는 설명하는 능력에 차이가 난다. 설득과 설명 과정 없이, 확고한 기초 사고의 바탕 없이 그저 행동하는 것만으로 성장하는 사람은 없다. 유명한 식당에서 6년 동안의 걸레질, 6년 동안의 설거지, 6년 동안의 무 썰기, 6년 동안의 양념 버무리기 과정을 통해 조리장이 되는 방법도 있다. 그러나 이런 방식의 문제는 시간이 많이 걸리고 직원의 인내와 끈기를 지나치게 필요로 한다는 것이다. 또 다른 문제점은 행동의 반복만으로는 시간이 지나도 직원이 성장하지 않을 수 있다는 것이다. 경험 축적만으로 동기부여가 되지 않을 수 있다. 따라서 직원을 육성하는 관리자의 능력은 아무리 강조해도 지나치지 않다.

거래를 제대로 정의하고 성과를 위해 필요한 사전 준비를 해둔 조직과 구성원에게는 어느 날 계단식 성장의 계기가 찾아온다. 어학 공부도 매일의 공부에서는 실력이 크게 느는 것 같지 않지만 예상치 않은 시점에 갑자기 귀가 열린다. 조직은 어떻게 고객과 교환관계를 설정하고 성장시키고 유지시킬 것인지 정리하고, 유효한 프로세스를 최적화된 방식으로 조직과 직원에게 적용해야 한다.

......

거래 관계

바닥에 놓여 있는 밧줄을 원하는 방향으로 마음대로 움직이려면 어떻게 해야 할까? 정답은 '당기는' 것이다. 축 늘어진 힘없는 밧줄을 마음먹은 대로 움직이기는 쉽지 않다. 밀어서는 원하는 대로 밧줄을 움직일 수 없다. 당기는 것만이 의도대로 밧줄을 움직일 수 있는 유일한 방법이다.

힘없는 밧줄도 당기면 말을 잘 듣고 따라온다. 좋은 거래는 상대에게 무언가를 강매하거나 요구하지 않는다. 상대에게 도움이 되는 것이 무엇인지 알고 올바른 방향으로 당겨주는 것이 중요하다. 억지로 당겨서도 안 된다. 어디까지나 거래의 결과로서 상대의 선택을 받는 것이 성과다.

정신과 의사였던 밀턴 에릭슨Milton Erickson은 어린 시절 또래보다 말문이 늦게 트였다. 그는 환자들에게 자신이 어린 시절에 말을 늦게 배운 이야기를 들려주곤 했다. 주위 사람들은 그가 말을 못 하는 것에 대해 걱정했다. 그럴 때마다 그의 어머니는 "때가 되면 말을 할 것입니다"라고 했고 결국

에릭슨의 말문은 자라면서 자연히 트였다.

억지로 해결되지 않는 것들이 있기 때문에 때가 될 때까지 기다려야 한다. 밥도 뜸을 들여야 먹을 수 있다. 에릭슨은 인간의 잠재의식은 옳은 방향으로 끌어주기만 하면 좋은 결정을 할 수 있다고 주장했다. 그가 고안한 상담 기법의 핵심은 두 가지로 요약된다. 첫째는 모두 다른 개인이므로 각자에 대한 처치는 달라야 하고, 둘째는 상대를 가르치거나 지시하지 않아야 한다는 것이다.

적절하게 리드하면 의식적 저항이 줄어든다. 에릭슨은 10대 시절 학교를 마치고 집에 돌아오는 길에 길 잃은 말을 만났는데, 말에는 어떠한 표시도 없었고 누가 주인인지도 알 수 없었다. 그는 말에 올라타 말이 가고 싶은 길로 가도록 내버려두었다. 길이 아닌 곳으로 벗어나려고 할 때만 고삐를 당겨 길 위로 이끌어주었는데, 결국 말은 농장에 도착해 주인을 찾을 수 있었다.

이 이야기의 요점은 상대의 니즈를 잘 끌어내는 것만으로 거래를 성립시킬 수 있다는 것이다. 니즈가 없다면 거래가 성립되지 않는다는 사실은 중요하다. 하지만 조금이라도 니즈가 있다면 상대의 이야기를 충분히 듣고 스스로 결정을 내릴 수 있도록 돕는 것이 필요하다. 많은 조직의 세일즈, 서비스, 고객 담당 부서가 고객에게 속수무책으로 끌려다닌다. 견적이나 불만에 끌려다니며 상대의 눈치를 보는 데 급급하다. 직원의 자존감이 떨어지기도 하고 노력에 비해 성과는 낮으며 결국 동기와 에너지를 잃는다.

고객과의 관계는 동적인dynamic 것이기 때문에 니즈를 찾아내고 충족시키기 위한 노력을 해야 한다. 질문을 하고 정보를 찾아 어떤 방향으로 리드할까 고민해야 한다. 질문은 지식을 얻는 길이다. 질문하지 않는 사람은 상대에게서 얻을 것이 없다. 훌륭한 의사는 질문으로 진료를 시작한다. 뛰어난 수사관은 질문으로 단서를 찾고, 자질이 있는 교사는 질문으로 학생의 능동성을 끌어내며, 택시 기사는 목적지를 확인하는 질문을 한 후에 비로소 핸들을 움직인다.

교환관계라고 하면 사람들은 기브 앤 테이크를 떠올린다. 제품이나 서비스를 제공하고 본인이 준 만큼 대가를 받겠다는 생각이다. 예수는 세상의 일반적인 가치 중에는 믿음, 소망, 사랑이 있으며 그 가운데 사랑이 제일이라 가르쳤다(고전 13:13). 그리고 대접받고 싶은 대로 남을 대접하라(마 7:12)는 가르침도 남겼는데, 이 교훈은 세상에 '황금률Golden Rule'로 널리 알려졌다. 황금률이라는 말은 17세기경부터 사용되었고, 3세기의 로마 황제 세베루스 알렉산데르Marcus Aurelius Severus Alexander가 이 문장을 금으로 써서 벽에 붙여두고 신조로 삼은 것이 그 배경이다.

한번에 큰 성과를 얻으려는 사람들이 있다. 일본 속담에는 "돌 위에서도 3년"이라는 말이 있다. 아무리 차가운 돌도 그 위에 3년 동안 앉아있으면 따뜻해진다는 의미다. 관계에 대한 투자 없이 거래는 성립되지 않는다.

| 03 |
거래의 동기와 역량

거래의 에너지

성과에 영향을 미치는 요인에 대한 연구는 상당히 많다. 환경적 요인, 개인적 요인 등 많은 변수들이 성과와 직간접적으로 관계가 있다. 그래서 사람들은 성과 창출 과정을 내부가 보이지 않는 블랙박스의 과정으로 표현한다.

거래에서 성과 창출 공식은 '의지willingness'와 '능력ability'의 곱셈으로 표현된다. 의지를 올리려면 에너지가 필요하다. 동기부여 전문가 브라이언 트레이시Brian Tracy는 좋은 결과가 나올 것이라는 긍정적인 기대(의지)를 열정passion으로 정의하면서 성과 요인의 절반 이상을 차지한다고 주장했다. 그러면서 능력 혹은 역량도 물론 중요하지만 의지보다는 상대적으로 덜 중요하다고 봤다. 고객은 직원으로부터 느껴지는 에너지를 더 중시한다는 것이다.

수리부엉이는 귀여운 외모와 달리 사나운 포식자로 생태계 먹이사슬의 최상층에 위치한다. 야행성 맹금류 중에서 가장 크고 호랑이나 늑대 정도를 빼면 국내 야생 생태계에서 가장 강력하다. 수리부엉이는 소리를 내지 않고 가까운 거리를 날아갈 수 있다. 꿩이나 토끼, 다람쥐 등의 먹잇감들은 코앞에 상대가 나타날 때까지 모르고 있다가 잡아먹힌다. 다큐멘터리에서 그들은 늘 사냥에 성공하는 듯 보이지만 사실 이 최고 사냥꾼의 성공률은 단 20퍼센트다. 먹이를 잡는 것은 열 번 시도에 두 번뿐이다. 처음 여덟 번을 내리 실패할 수도 있다. 하지만 20퍼센트의 성공률이 있기 때문에 아홉 번째, 열 번째를 시도할 수 있다.

지속적으로 도전하기 때문에 결과를 얻는다. 여덟 번을 시도했더라도 포기하면 결과는 제로다. 통상적인 거래의 80퍼센트 이상이 다섯 번 이상 거절당하고 만들어진다. 다섯 번 실패해도 거래를 지속하려는 노력이 필요하다.

진실의 순간에 고객의 어깨를 밀지 못하는 경우도 있다. 성과의 절반 이상이 에너지에 달려 있다고 한 이유가 여기에 있다. 기업이나 개인이 고객에게 제안하려는 제품, 서비스, 아이디어에 스스로를 이입시키려는 노력 없이 성과는 나지 않는다. 물이 끓어 넘치기 직전의 다이내믹함이 필요하다.

거래에서는 긍정적인 기대가 중요하다. 어차피 안 팔릴 것으로 생각하거나 기대를 가지지 않았는데도 성과가 나면 오히려 이상한 일이라 생각해야 한다. 거래에서 직원들이 느끼는 두 가지 공포는 실패와 거절이다. 실패하거나 거절당하면 어쩌지 하는 고민에서 한 발 물러날 필요가 있다.

복싱 스파링에서 얼굴에 주먹이 닿는 것은 일상지사다. 피하는 데 급급해하지 말고 어떻게 카운터를 활용할지 고민하는 것이 프로다. 많이 맞아본 사람만 챔피언이 된다. 고객은 수십 수백 가지 이유로 거절하며 이는 당연한 생리다.

현실에서 직원들은 쉽게 에너지를 잃는다. 그러나 역시 의욕은 스스로 불러일으킬 때 효과가 크다. 우수한 인적자원을 많이 가진 조직에서는 동기는 스스로 부여하는 거라며 타인으로부터의 동기부여 가치를 평가 절하하거나 프로페셔널리즘을 강조한다. 동기는 임금님도 주지 못한다. 그러나 어찌 되었든 구성원에게 동기를 불러일으키려 노력하는 것이 조직과 관리자의 역할인 것은 분명하다.

구성원들이 거래 동기를 가지도록 돕는 몇 가지 방안을 생각해볼 수 있다.

첫째는 도전 목표 제시를 통한 동기부여다. 에드윈 로크Edwin Locke 는 '동기부여를 위한 목표설정이론Goal-Setting Theory of Motivation'을 제시하면서 인간이 합리적으로 행동하는 존재라는 가정하에 개인이 의식적으로 설정하는 목표가 인간 동기를 자극하고 관련 행동에 영향을 미친다고 주장했다.

예를 들어 이번 분기의 목표나 연간 목표를 확실하게 써서 보이는 곳에 붙여두면 목적을 달성하기 위한 행동을 하도록 스스로를 유도하게 된다. 이런 방법은 조직에서 이미 많이 사용하고 있다. 개인별 혹은 팀별 목표를 설정하고 가시화해visualize 벽에 붙여두거나 실적과 함께 보여주는 것이다. 어린 시절 반드시 대통령이 되겠다는 목표를 벽에 적어두고 주위에 떠벌리고 다녔다는 김영삼 전 대통령의 일화는 잘 알려져 있다.

개인적인 사례지만 신혼 때 소위 비전vision 보드를 만들어 머리맡에 두고 잠들기 전과 일어난 후 쳐다보는 습관을 길렀다. 보드에는 마음에 둔 주택 사진을 붙여두었다. 이사할 때 자금이 부족해 그 집으로 이사 가지는 못했고 다른 집으로 가게 되어 비전 보드는 없앴다. 그러나 다음 이사 때 보드에 붙여두었던 그 집에 들어와있는 나 자신을 발견했다. 목적이 확실할

수록 더 큰 에너지가 형성된다.

보험왕 토니 고든Tony Gordon은 목표를 설정할 때 지금보다 한 단계 높은 목표에 도전하는 것을 원칙으로 했다. 일상의 거래에 매몰되다 보면 큰 그림을 보지 못해 방향성을 잃고 매너리즘에 빠질 때가 있다. 이왕 할 일이라면 더 높은 성과를 지향해야 한다. 평범한 성과에 만족하던 그는 보험업의 최고 영예인 MDRT Million Dollar Round Table[2]에 가입하기로 결심하고 자신의 목표를 가족에게 공유했다. 가족에게 목표를 공유한 이유는 실패 가능성을 줄이기 위해서다.

둘째는 조직에 대한 책임감과 집중력을 통해 동기를 부여하는 방법이다. 거래에 대한 집중력은 있지만 조직에 대한 책임감이 없는 경우도 있고 조직에 대한 책임감은 있지만 집중력이 없는 경우도 있다. 성과 향상을 위해서는 두 가지 모두 필요하다. 가족이나 조직의 미래, 비전을 만들고 공유하는 것은 거래 성과를 높이는 동기부여의 좋은 소재가 될 수 있다.

심리학자인 미하이 칙센트미하이Mihaly Csikszentmihalyi는 성과 동기에 영향을 주는 몰입flow의 중요성을 강조했다. 어떤 일에 몰입하면 주위의 작은 일들이 보이지 않거나 시간이 상대적으로 빨리 흐르게 되는 것을 경험할 수 있다. 몰입 상태를 설명하는 두 가지 축은 '개인의 능력'과 '도전적인 상황'이다. 도전적이지도 않고 낮은 개인 능력으로 할 수 있는 과업은 개인에게 우울감을 불러일으킬 수 있다. 높은 개인 능력에 비해 상대적으로 낮은 수준의 과업은 사람을 안전지대에 머물게 한다. 또한 능력은 높지 않은데, 너무 어려운 과업을 설정하면 불안과 스트레스를 느낀다.

---

[2] 생명보험 영업 분야 전 세계 명예의 전당이다.

가장 이상적으로 사람이 몰입하고 동기부여되는 상황은 높은 개인 능력을 요구하는 높은 수준의 과업이다. 비디오 게임을 생각하면 이해하기 쉽다. 난도가 적절히 높으면서 실력이 필요한 게임이라야 유저가 시간 가는 줄 모르고 빠져들 수 있다. 몰입의 효과를 활용해 구성원이 거래에 집중할 수 있는 환경과 구조를 제공하는 것은 매우 중요하다. 거래를 위한 지속적 동기부여는 성과의 근원이며 변화를 만드는 촉진제가 되기 때문에 조직의 관리자는 특별히 신경을 써야 한다.

......

거래의 역량 : 태도, 지식, 스킬

보통 소비자에게 인생에서 가장 큰 구매는 첫 번째는 주택, 두 번째는 자동차다. 흔히 자동차 세일즈가 영업의 꽃이라고 하는 이유다. 10여 년간 13,001대의 쉐보레Chevrolet 자동차를 판매하면서 매일 5건의 계약 성과를 내고 기네스북에 등재된 사람이 있다. 헨리 포드Henry Ford와 나란히 자동차 명예의 전당에 헌액된 조 지라드Joe Girard다. 만 35세라는 늦은 나이에도 열정만으로 미국 디트로이트의 중심 산업에서 큰 성과를 이룬 그는 세 가지 능력 요소에 대한 정의가 중요하다고 했다. 태도, 지식, 스킬이다. 거래를 끝내지 못하면 고객은 다른 곳에서 거래한다. 때문에 그는 반드시 최선의 노력을 해야 한다고 믿었다.

그가 강조한 태도는 '자동차로 고객을 행복하게 한다'였다. 태도를 뒷받침할 지식과 스킬은 타 직원들과 자신을 차별화시킬 수 있는 고객 정보의 지속적인 수집 및 활용(전화, DM, 고객 카드, 명함, 소개)기법들이었다. 그 역량이란 대단치 않아 보일 수 있지만 대다수의 직원들이 등한시하는 내용이다. 작은 차이가 결과에서 큰 차이를 만든다.

그는 차별화를 추구하는 직원의 태도를 특히 중요시했다. 남들이 하지 않는 일을 해야 경기에서 승리할 수 있다. 아인슈타인Albert Einstein은 이전과 똑같은 행동을 하면서 다른 결과를 기대하는 사람은 비정상이라고 말했다. 지라드의 주장은 성과를 만드는 시스템 관점의 '투입input-처리 throughput-산출output'에서 투입, 즉 거래 창출을 위한 활동량이 압도적으로 남들보다 많아야 한다는 것이다.

그는 고객과의 '사후 관계'에 큰 거래의 기회가 있다며 사후 관리를 통해 지속적으로 미래의 거래 기반을 쌓을 수 있다고 했다. 고객을 동등한 파트너로 여기고 긍정적인 태도로 대해야 한다. 고객의 선택권을 중요시하고 만족하지 못한 고객이 경쟁사나 경쟁 직원을 선택하는 것을 당연히 여겨야 한다.

회사, 직원, 고객이 모두 원-윈win-win하는 관계만이 지속 가능한 관계다. 어느 한쪽에만 이익이 있다면 거래는 지속되기 어렵다. 그럼에도 우선순위는 고객의 이익이다. 거래에 대해 그는 뛰어난 통찰을 남겼다. 고객을 어떻게 하려고 하지 말고 고객이 스스로 행동하도록 만들라고 했다. 고객의 자발적인 결정을 촉진하는 전략을 사용하는 것이다.

직원이 고객의 이익을 우선시하면 1건의 거래가 다수의 거래로 확장된다. 고객은 만족하면 주위에 추천한다. 그렇게 새로운 고객을 만나면 정보를 수집해 그 고객의 의사 결정을 가능한 한 고통 없는 방법으로 실현시켜주면 된다. 상대에 대한 정보가 많을수록 효과적으로 거래가 진전되는 법이다.

지라드는 고객과의 교환관계를 의사가 수술대 위의 환자를 대하는 상황에 비유했다. 우선 무엇을 할지 알고 나서 배에 칼을 댄다. 무턱대고 칼을 들이밀었다가는 돌이킬 수 없는 상황이 된다. 때문에 정보 수집이 가장 중요하다. 거래 후 확보된 정말 사소한 정보도 파일로 만들어 기록하고 관계를 지속해야 한다. 관계를 지속하는 데 필수적인 능력이 소위 '관계 역량'이다. 관계 역량은 직원의 태도, 지식, 그리고 스킬로 유지된다.

인텔의 경영자 앤디 그로브는 뛰어난 조직 관리자는 성과를 높이기 위해 두 가지에 집중해야 한다고 했다. 첫째는 직원의 동기 향상, 둘째는 직원의 역량을 위한 교육이다. 의지가 없으면 성과는 나지 않는다. 능력이 없어도 성과는 나지 않는다. 의지와 능력이 모두 있어야 성과가 난다. 프롤로그에서 성과를 동기와 역량의 곱셈으로 표현했는데, 의지와 능력으로 표현해도 같다. 의지만 있어도 안 되고 능력만 있어도 안 된다. 어느 한쪽이 제로라면 결과도 제로이기 때문이다.

논의를 정리하면, 조직이 구성원들과 거래의 정의를 공유하고, 직원의 동기를 확인하고, 동기를 지탱할 역량을 확보하는 것이 성과 창출의 전부다. 일반적으로 개인의 능력, 즉 역량은 태도, 지식, 스킬, 세 요인으로 구성된다. 역량의 세 요인을 구성하는 또 다른 하위 요인들을 찾아 하나씩 강화하다 보면 성과는 더 높아질 수 있다. 다음 챕터부터는 조직의 거래 성과를 향상시키고 고객과의 교환관계를 강화할 요인(동기, 태도, 지식, 스킬)을 본격적으로 살펴보겠다.

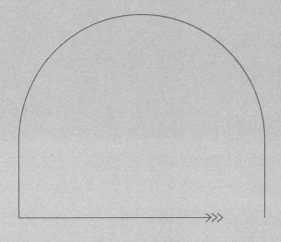

EXCHANGE

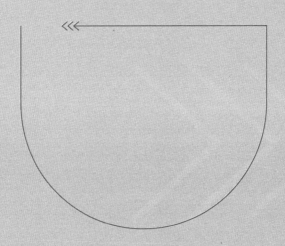

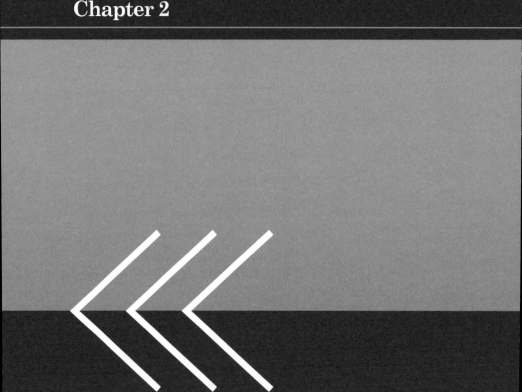

Chapter 2

거래의 동기

성과의 사고방식

생각이 없으면 거래도 없다

세계의 대도시에는 차이나타운이 있다. 5천만 명 이상으로 추측되는 화상華商의 글로벌 네트워크는 주식회사 중국의 엔진이다. 중국인은 거래에 특화된 민족으로, 상업을 통한 이익 추구에 밝은 것으로 유명하다. 중국에는 웃지 않을 거면 가게 문을 열지 말라는 속담이 있다고 한다. 좋든 싫든 남의 돈을 받으려면 그렇게 생각해야 한다. 거래 역량 강화를 살피기 전에 사고방식부터 살펴볼 필요가 있다.

우리 집 앞에는 공원이 하나 있다. 어느 날 리모델링 안내가 붙었다. 2년 간 공사가 진행될 예정이라는 내용이었다. 중장비가 공원을 부수고 나서 1년이 지났을 즈음 서서히 지치기 시작했다. 부수는 건 금방이었는데, 이후 현장에는 변화가 없어 보였다. 공사 기간의 절반이 지났고 분명 매일 뭔가를 하는데, 가시적으로 달라진 게 없었다. 밖을 내다보며 투덜거리던 나에게 어느 날 아내가 무심하게 말했다. "기다려. 공사는 기초가 오래 걸려. 올리는 건 순식간이야. 두고 보라고."

처음에는 그 말을 믿지 않았다. 그러나 한 달이 못 되어 무릎을 쳤다. 아내가 말한 대로 타워크레인이 들어왔고 바닥에 파일이 박히기 시작했다. 1

년 만에 일사천리로 공원 공사는 마무리되었고 기초를 준비하는 데 절반 이상의 시간이 걸렸다. 기초가 튼튼하면 나머지는 수월하게 마무리된다는 걸 알 수 있었다.

크리스토퍼 놀란Christopher Nolan 감독의 영화 「인셉션Inception」은 인간의 잠재의식을 소재로 한다. 영화에서 인셉션은 타인의 무의식에 침입해 특정 개념이나 생각을 주입하는 사고 조작을 지칭하는 활동으로 정의된다. 주인공 도미닉 코브는 인셉션에 대해 설명하면서 인간의 '생각IDEA'은 바이러스와 같아서 강한 회복력으로 쉽게 확산되기 때문에 아주 작은 생각의 씨앗이 누군가를 규정하기도, 파괴하기도 한다고 말한다.

생각은 삶의 많은 것을 결정한다. 우리가 현재 누리는 모든 것은 누군가의 생각에서 시작되었다. 과학자들의 평생 연구 과업 중에는 어릴 때 본 공상과학소설이나 만화영화 내용을 모티브로 한 것이 많다고 한다. 휴머노이드 로봇, 인공지능, 우주 탐험, 인간 복제, 사이보그, 전자 의족, 무인 주행 자동차, 화성 식민지 개발 등이 그것이다.

생각대로 시종일관하려는 인간의 노력을 보면 사고의 힘을 알 수 있다. 예전에 우리나라 문화 예술계의 엘리트 코스로 유명한 중학교를 방문했는데, 칠판 위에 걸린 급훈이 명언이었다. "나는 어떻게 해서 지금 가진 생각을 가지게 되었을까?" 이곳의 아이들이 왜 뛰어난 인재로 성장하는지 이해할 수 있었다.

영화배우 짐 캐리Jim Carrey는 1990년 무일푼이던 자신에게 5년 후에 받을 출연료로 1천만 달러짜리 수표를 썼다. 그는 늘 그 수표를 지니고 다녔고, 실제로 5년 후인 1995년 「배트맨 포에버Batman Forever」라는 영화에서 1천만 달러를 받았다. 동일한 사안에 대해 누구는 부정적이고 누구는 긍정적이다. 자동차 왕 헨리 포드는 할 수 있다고 하는 사람도, 할 수 없다고 하는 사람도 모두 옳다고 했다. 영화 대사처럼 생각은 바이러스처럼 끈질기고 전염성이 강해서 한 사람을 규정할 수도, 망가뜨릴 수도 있다.

......

생각을 바꾼다

인테리어용 소품 포스터에 자주 사용되는 20세기 미국 산업화의 건설 현장 사진이 있다. 엠파이어스테이트빌딩 같은 고층 건물에서 노동자들이 안전장치도 없이 철제 빔 위에 누워 잠을 자거나 커피를 마시는 장면인데, 보기만 해도 오금이 저린다.

바닥에 폭이 1미터, 길이가 20미터 정도 되는 널빤지가 한 장 놓여 있다고 가정해보자. 걸어서 널빤지 위를 건널 수 있을까? 물론 건널 수 있을 것이다. 동일한 널빤지가 2개의 고층 건물 사이에 걸쳐져 있다고 가정해보자. 모든 조건은 동일하며 비도 바람도 없다. 과연 걸어서 널빤지 위를 건널 수 있을까? 아마 어려울 것이다.

높이 이외의 모든 조건이 동일하지만 쉽게 건널 수 없다. 사고는 행동을 지배한다. 거래에서 성과를 내는 것도, 내지 못하는 것도 생각이 영향을 미친다. 생각이 정리되지 않아 많은 생각을 할수록 혼란스러워진다. 사고방식을 확실히 해야 한다. 중국인들은 웃지 않으면 가게 문을 열지 않는다. 거래에 대한 사고가 확실하지 않으면 성과 행동을 강화하는 것도 당연히 어렵다.

일본의 어느 명문 자동차 딜러사의 서비스 센터장을 만났을 때 이야기다. 그 회사는 남다른 고객 감동 서비스와 개선 철학으로 유명했다. '개선'이란 무엇이냐고 질문하자 그는 개선은 완성형이 아니므로 끊임없이 답을 찾아가는 과정이라고 했다. 개선 방법이 발견되지 않는 문제는 무엇 때문이냐 물으니 해답이 발견될 때까지 충분히 궁리하지 않았기 때문이라고 했다. 그에 따르면 지식과 달리 지혜란 돈을 주고도 살 수 없는 것이다. 현장에만 답이 있다. 확고한 개선 사고방식이 있어야 조직과 구성원이 지치지 않고 고객을 위해 쉼 없는 노력을 할 수 있다.

인도 설화에 나오는 이야기다. 인간 능력이 비상해져 신들을 위협할 정도가 되었다. 신들은 신과 인간을 구분하는 유일한 능력을 인간이 얻지 못하게 숨기기로 했다. 갑론을박 후 인간들이 절대 찾아내지 못할 곳을 찾았는데, 그곳은 인간의 마음속이었다. 아인슈타인은 모든 아이들이 천재로 태어난다고 했다. 그만큼 사람은 주어진 능력을 발휘하기 위한 마음을 먹지 못하는 경우가 많다.

'시스템이론Systems Theory'이나 데이터 과학에서는 'garbage-in, garbage-out'이라는 표현을 관용적으로 쓴다. 시스템에 좋은 재료를 넣으면 좋은 결과가 나오고 나쁜 재료를 넣으면 나쁜 결과가 나온다. 올바른 생각을 넣어야 제대로 성과가 난다.

인생을 바꾸려면 한 가지만 바꾸면 된다. '생각'이다. 생각이 바뀌면 행동이 바뀌고, 행동이 바뀌면 습관이 바뀌고, 습관이 바뀌면 성격이 바뀌고, 성격이 바뀌면 인격이 바뀌고, 인격이 바뀌면 인생이 바뀐다.

거래의 사고방식이 조직에 확실한 기초를 만들고 가치를 부여하고 행동을 정당화한다. 사람의 철학과 가치관은 태도에 영향을 준다. 달라진 태도는 필요한 지식과 스킬을 흡수하도록 만든다. 뇌 과학자들은 우리가 인지하는 세상은 뇌가 만들어낸 생각에 따라 영향을 받는다고 한다. 테슬라Tesla의 CEO 일론 머스크Elon Musk는 트위터에서 유저들에게 여러분이 지금 매트릭스 속에 있는 살고 있는 것은 아닌지 확인하라고 자주 묻는다.

머릿속에 어떤 프로그램을 집어넣을까? 존 아사라프John Asaraf와 머레이 스미스Murray Smith는 사람들은 17세가 될 때까지 '할 수 없다'라는 부정적인 평가를 15만 번 정도 듣고, '할 수 있다'라는 긍정적인 표현은 5천 번 정도 듣는다고 주장한다. 사람들에게 입력되는 부정과 긍정의 비율은 30 대 1로, 부정이 압도적인 영향을 미친다.

'할 수 없다'는 기본 전제에 사망 선고를 내려야 한다. 대부분의 사람들에게 '도전, 변화, 새로운 시도는 어렵다'라는 부정적인 전제가 기본이다. '할 수 있다'는 생각을 바탕에 둔 소수의 사람들만 성과를 낼 수 있다. 부정을 극복하고 긍정을 전제로 하는 것이 성과의 기본 필요조건임에 틀림없다.

......

대단하네 VS 어떻게 하면

뛰어난 성과를 바라보는 두 가지 관점이 있다. 누군가는 '대단하네' 하고 감탄한다. 반면, 누군가는 '어떻게 하면 할 수 있을까?' 하고 고민한다. 파레토의 법칙을 적용하면 전자는 80퍼센트, 후자는 20퍼센트의 사람들에 해당된다. '대단하다'라는 말은 대단한 것은 알겠지만 본인에게 적용해볼 것은 없다는 사고방식이다. '어떻게 하면'이라는 말은 타인의 성과에서 뭔가를 배워서 스스로의 변화를 고민하는 것이다. 두 가지 다른 관점은 결과에 차이를 만든다. 성과의 이면은 겉으로 잘 드러나지 않는다. 김연아가 이룬 성취는 대단하다. 그렇지만 그 이면에 숨겨진 노력을 보면 따라할 엄두가 나지 않거나 따라 하고 싶지 않다.

유능한 관리자는 성과의 이면을 드러내는 데 노력해야 한다. '대단하네'와 '어떻게 하면' 사이에는 시간이 지날수록 차이가 벌어진다. 긍정적인 질문을 반복하는 것, 자기 자신도 그런 성과를 내기 위해 타인을 이해하려는 자세는 동기를 불러일으킨다. 몸을 키우려면 왜 근육을 늘려야 하는지 목적을 확실히 정하고 운동을 시작해야 한다. 최종 이미지가 날렵하고 마른 몸인지, 벌크업이 된 큰 덩어리의 몸인지 정해야 한다. 생각이 정리되어야 목표 달성에 필요한 행동에 집중하고 자신감을 유지할 수 있다.

목표를 제대로 설정하는 것만으로도 훌륭한 동기부여가 된다. "다 해봤어", "그런 거 별로 효과 없어"라고 말하는 사람들은 출발점의 목표 설정을 잘못한 경우가 많다. 목표 설정이 잘못되면 핵심 행동이 아닌 다른 행동을 하고 결과적으로 동기를 잃는다. 많은 골퍼들이 타이거 우즈Tiger Woods가 되길 상상하며 레슨에 등록하지만 스윙만 하다가 중도에 포기한다. 테니스는 포핸드에서 가장 많이 관둔다. 『수학의 정석』은 맨 앞의 집합 챕터만 시커멓게 때가 탄다.

기업 구조 조정 전문가 하세가와 가즈히로長谷川 和廣도 비즈니스의 성공 조건으로 목표 설정을 제대로 하는 능력을 들었다. 목표를 설정하는 능력은 리더십의 기본이다. 조직 공통의 목표를 만들기 위해 정보 수집, 분석, 과제 설정 후 목표로 전환하는 능력이 프로페셔널의 스킬이다.

관리자는 부하의 성과를 높이기 위해 필요한 역량을 분석해 솔직하게 피드백해주어야 한다. 악플보다 무플이 나쁘다. 나쁜 피드백보다 더 나쁜 것은 무無피드백이다. 많은 상사들이 인간관계를 해칠까 걱정하며 부하에게 솔직한 피드백을 하지 않는다. '굿 가이 콤플렉스Good Guy Complex'는 의외로 주변에서 많이 발견할 수 있다. 적절한 피드백을 해주지 못하면 리더로서 실격이다. "괜찮아", "잘 될 거야", "걱정하지 마" 같은 말을 남발하다가 성과를 상호 확인해야 할 시점에 비로소 정색하게 된다.

출발 시점에는 계획과 결과의 갭이 작겠지만 시간이 갈수록 회복할 수 없는 성과와 기대의 차이가 발생한다. 조직에게도 피해가 가고 개인에게도 피해가 간다. 최악의 경우 인사 평가에서 나쁜 점수를 받는 불이익을 받을 수 있다.

불편하더라도 솔직하게 부하의 약점에 대해 조언을 해주어야 조직 성과를 높일 수 있다. 그리고 구성원은 보람, 일을 통한 몰입을 경험할 수 있다. 많은 조직을 대상으로 실시한 연구 결과에 따르면 부하가 가진 약점을 솔직하게 피드백해주는 리더와 함께 일하는 구성원의 직무 몰입이 최하위 그룹에 비해 3배 이상 높았다.

......

수-파-리

무술 수련자들에게 친숙한 '수-파-리守-破-離'라는 개념이 있다. 무예를 습득하는 프로세스를 설명하는 것인데, 원래 선불교 스님들의 수행을 설명하는 용어였다. '수'는 지키는 것, '파'는 깨는 것, '리'는 멀리 떨어져 나감을 의미한다.

수는 기본을 지키라는 뜻이다. 정해진 원칙과 기본을 충실하게 몸에 익히는 단계다. 다음 단계인 파는 원칙과 기본을 바탕으로 틀을 깨고 독창적인 세계를 창조해가는 단계다. 마지막 리는 기존 틀에 얽매이지 않으면서 법도와 원칙에 근거한 자연스러운 질적 비약의 상태로, 수련의 최후 단계다. 무협 영화에서 스승이 제자에게 하산하라고 말하는 순간이다.

관리자는 성과를 높이기 위해 직원의 수준이 수파리의 어느 단계에 있는지 알아야 한다. 어떤 부분이 부족한지 파악하고 기본부터 시작하는 것에서 수 단계가 시작된다. 기본을 제대로 실시하고 있는지 여부가 다음 단계로의 이행을 결정하는 바로미터다. 수가 되지 않는데, 파와 리 단계로 이행하는 것은 어불성설이다.

이소룡李小龍은 영화배우 이전에 뛰어난 무도인이었다. 그는 자신이 창시한 절권도[3]를 통해 세계인에게 영감을 주었다. 절권도는 그냥 탄생하지 않았다. 이소룡은 당시 영춘권의 대가였던 엽문葉問 사부에게 기초를 배우고 기본을 흡수, 숙성시켜 자신만의 스타일을 만들어냈다. 영춘권을 마스터하지 않았다면 절권도는 존재하지 않았을 것이다. 기본기도 갖추지 못했으면서 자신의 스타일만 강조하는 사람이 있다. '작의지사作意之事'라는 말로 표현되는데, 가르침대로 하지 않고 멋을 부리는 것이다. 이렇게 해서는 성과가 나기 어렵다.

수련하는 사람은 오리지널을 흉내 내면 역량을 빨리 높일 수 있다고 생각하는 경향이 있다. 흉내만으로 오리지널의 성과나 업적을 따라잡을 것

---

3 쿵푸와 복싱, 펜싱 등을 융합하여 창시한 종합 무술이다.

같은 기분이 든다. 일본 야구의 자랑이자 아시아의 역대급 타자인 스즈키 이치로鈴木 一朗는 메이저리그 역사를 통틀어 성이 아닌 이름을 유니폼에 새긴 유일한 선수다. 다소 괴팍한 언행으로 물의를 일으킨 적도 있지만 논란에도 불구하고 인정받는 이유는 오로지 실력에 근거한 업적과 성과 때문이다.

이치로는 인내력의 한계를 뛰어넘는 고집과 루틴에 대한 집착으로 유명하다. 그는 타격에 있어서 자신의 스타일을 확고히 했다. 기본을 벗어나 새로운 격을 추구하는 리 단계의 대표 사례다. 야구 이론가들에 따르면 그의 스윙 폼은 기존에 존재하는 타격 이론에 상당히 배치된다고 한다. 하지만 자신의 스타일로 타의 추종을 불허하는 성과를 냈다. 그는 노력하지 않고 성과를 내는 사람을 천재라고 부른다면 자신은 천재가 아니라고 했다. 피나는 노력의 결과로 성과를 내는 사람이 천재라면 자신은 천재라고 했다는 일화는 유명하다.

이치로처럼 되고 싶은 아마추어 선수들이 그의 폼을 흉내 냈다. 온전히 이치로가 되고 싶다면 그가 가진 역량의 전체, 즉 태도·지식·스킬 모두를 훔쳐야 한다. 겉만 흉내 내면 그건 이치로의 스윙이지 이치로가 아니다. 이치로를 훔치는 데 열심이었던 선수로 가와사키 무네노리川崎 宗則가 있다. 프로 데뷔 전부터 이치로를 동경한 그는 어떻게 하면 이치로가 될 수 있을지 철저하게 연구했다고 한다. 제대로 훔치려면 이 정도는 해야 한다.

이유를 생각하라

『스타트 위드 와이Start with Why』의 저자 사이먼 시넥Simon Sinek은 마음먹은 일이 되지 않는 데는 다 이유가 있다고 설명한다. 그는 Why-How-What 순서로 생각하는 사고방식을 '골든서클The Golden Circle'이라 명명했는데, '왜'가 가장 중요하다고 했다. 타인에게 영감을 주고 리더십을 발휘하는 사람들은 이유와 목적성을 중요시한다. 어떤 일이 왜 중요한지가 우선시되어야 하고 어떻게 할지 무엇을 할지는 그 다음이다.

이유에 대해 생각하는 것은 좋은 동기부여 방법이다. 인간은 이유를 설명해주면 쉽게 행동으로 옮긴다. 뇌는 게을러서 상세하게 사고하는 것을 좋아하지 않고 과거의 경험이나 직관에 의존해 편한 결정을 내리는 경향이 있다. 이것을 '휴리스틱Heuristic'이라고 한다. 휴리스틱은 간편 추론 방법인데, 전후를 따져 상세한 정보에 근거해서 결정하는 것이 아니라 즉흥적으로 어림짐작이나 셈으로 판단을 내리는 것이다. 따라서 많은 사고가 필요치 않다. 앞뒤 상황을 상세히 살펴보기도 전에 어떤 일이 불가능하거나 어렵다는 결론을 냈다면 휴리스틱이 개입한 것이다.

반면, 사람들에게 왜 그 일을 해야 하는지 이유를 설명해주면 납득하고 스스로 합리화시키려는 메커니즘이 작동된다. What을 시작점으로 잡으면 '이것을 해라', '저것을 해라'처럼 일방적인 소통이나 지시가 된다. 마틴 루터 킹Martin Luther King Jr.은 "나에게는 꿈이 있다I have a Dream"라고 했지, "나에게는 계획이 있다I have a Plan"라고 하지 않았다.

Why를 묻는 것은 고객과의 교환관계가 가지는 의미에 집중하는 것이다. What을 묻는 것은 맹목적으로 거래를 추구하는 것이다. 이유why에 집착한 사람 중 가장 유명한 사람은 애플의 창립자 스티브 잡스Steve Jobs다. 그는 애플 제품과 서비스의 존재 이유를 찾아 고객에게 전달하는 것이 마케팅의 핵심이라고 했다. 다른 메이커들이 신제품의 스펙, 디자인 등 외적인 측면what에 집중하는 동안 애플은 자신들의 브랜드가 어떤 가치를 추구하는지, 사용자들에게 제품이 어떤 의미를 가지는지why 호소했다. 결과적으로 애플은 고객과의 거래에서 경쟁사 대비 압도적인 우위를 점하는 혁신 제품을 세상에 내놓을 수 있었다.

......

스키 잘 타는 법

회사의 예전 대표님은 직원들에게 당해 연도의 비즈니스 방향성 설명을 마친 후 사진을 한 장 보여주셨다. 스키 선수가 슬로프에서 활강하며 급회전하는 장면이었다. 그건 대표님의 사진이었는데, 그는 대학 시절 스키 선수로 활약한 매니아였다. 그리고 직원들에게 스키 잘 타는 방법에 대해 설명했다.

"스키 활강은 어렵고 위험합니다. 숙련되지 않은 스키어들은 부상을 당하거나 목숨을 잃을 수도 있습니다. 안전하게 스키 활강을 하려면 축과 무게중심이 중요합니다. 튼튼한 축이 있어야 회전을 할 수 있습니다. 또 안정된 무게중심이 받쳐주어야 합니다. 이 두 가지가 없으면 낮은 슬로프에서도 쉽게 다칩니다. 잔기술이 많아도 소용없습니다. 비즈니스도 이와 같습니다. 조직이 나아갈 방향을 확실하게 인식하고 여러분의 축과 무게중심을 만들어주세요."

과연 그렇다. 기초 없이 성장은 없다. 대나무는 곧고 길게 자라나는 특징 때문에 과거부터 지조와 절개를 상징해 시詩, 서書, 화畵에 빠지지 않는 소재로 활용되었다. 우리나라의 대나무 중 충청남도 이남에서 발견되는 왕대라는 종은 높이 20~30미터, 지름은 30센티미터까지 자란다. 흔히 대나무가 비를 맞고 해를 쬐면 금방 자라날 것으로 생각하기 쉽지만 그렇지 않다.

대나무는 싹을 틔우기까지 오랜 시간 땅속에서 기다린다. 그러다 5년째가 되어야 비로소 땅 밖으로 싹을 틔운다. 세상 밖으로 나온 후부터는 하루에 60센티미터씩 자란다. 그렇게 30일 만에 사람 키의 10배 높이까지 커진다. 그렇다면 대나무는 4년 동안 성장한 것일까, 단 30일 동안에 자란 것일까?

대나무는 인고의 시간 동안 앞으로의 성장을 위해 오로지 밑으로만 뿌리를 내린다. 땅속 수십 미터 아래까지 파고 들어간다. 그렇게 했기 때문에 짧은 시간 동안 큰 키로 자랄 수 있다. 대나무는 처음부터 자신이 어느 방향으로 자랄지 알고 있다. 그리고 뿌리를 내린 후에 비로소 결실을 준비한다. 기본이 중요한 것은 고객과의 거래에서도 마찬가지다.

| 02 |

거래의 목적

저울의 노래

현장 직원들에게 거래에서 이익이 아닌 관계를 추구하라고 말하기는 쉽다. 그러나 현실적으로 납득을 구하기는 어렵다. 세계 5대 상인으로 유대, 중국, 인도, 아랍, 일본 상인을 꼽는다. 일본 상인 중에서는 '오미近江 상인'을 최고로 친다. 그들은 교토, 오사카, 나고야, 도쿄 긴자 상인과 함께 일본 5대 상인으로 꼽히며 교토에 근접한 오미하치만 시를 발상지로 한다. 1600년대부터 장사로 번성해 도요타Toyota, 일본생명Nippon Life Insurance, 이토추Itochu 등 일본을 대표하는 명문 기업의 모태가 되었다.

전국을 걸어다니며 일류 기업들을 일궈낸 주인공인 오미 상인들은 '천냥천칭千兩天秤'이라는 표현을 사용했다. 천칭봉은 어깨에 걸치는 긴 나무 막대다. 상인들은 막대의 양쪽 끝에 물건을 걸쳐 들고다녔다. 이렇게 북쪽으로는 홋카이도, 남쪽으로는 규슈까지 2천 킬로미터에 걸쳐 행상을 다녔다. 천냥천칭이란 막대기 하나로 1천 냥도 번다는 자부심의 표현이다.

오미 상인을 모태로 하는 기업들이 상인 정신을 전파하려 만든 영화가 1984년작 「저울의 노래天秤の歌」다. 부유한 상인 집안에서 태어난 소년 콘도 다이사쿠는 아버지로부터 나무 냄비 뚜껑 여러 개를 초등학교 졸업 선

물로 받는다. 아버지는 어린 콘도에게 냄비 뚜껑을 팔아오라고 지시하는데, 만약 실패하면 가업을 물려주지 않겠다고 선언한다. 콘도는 처음에는 쉽게 생각했지만 곧 난관에 부닥친다. 생각보다 팔리지 않았던 것이다.

장사 여행은 상인의 혼을 확인하는 성인식이자 통과의례다. 아버지 가게의 단골 손님들에게 냄비 뚜껑을 강매해보려 하지만 사람들은 부잣집 도련님이 아닌 장사꾼 콘도에게 냉정하다. 비굴하게 거지나 고아 흉내를 내도 사주지 않는다. 진심이 없는 장사는 사람들의 반감을 산다.

어느 날 콘도는 농가의 공동 우물에 누군가 내놓은 냄비 뚜껑들을 발견한다. 그 물건들을 내다 버리면 자신의 물건을 팔 수 있지 않을까 하고 나쁜 마음을 먹지만 이내 그 마음을 버리고 눈앞의 냄비 뚜껑을 닦기 시작한다. 누군가의 소중한 물건임을 알고 그것을 소중하게 다루는 진실된 콘도의 모습을 본 마을 주민들은 감동해 물건을 사준다. 3개월의 실패 끝에 생각지 못한 진실의 순간이 열린다.

영화는 파는 사람과 사는 사람의 마음이 맞아야 상업이 성립한다는 거래의 핵심을 설명한다. '원-윈'이란 상호간 이익이 되는 거래다. 고객이 사주자고 생각해야 비로소 거래가 이루어진다. 아버지는 아들에게 말하길 고객에게 팔리는 사람이 되는 것이 우선이라고 한다.

당연한 이야기처럼 들리지만 거래를 성사시키려면 최선이 필요하다. 역사상 가장 성공한 투자자 가운데 한 명인 존 템플턴John Templeton은 영혼의 투자자로 불렸다. 그는 화려한 월스트리트의 삶과 거리를 두었다. 템플턴은 소박하고 경건한 삶을 살았고 결과보다 과정에 집중할 수 있도록 수양하라고 조언했다. 그는 누구보다 많은 돈을 벌었지만 돈 이야기는 별로 하지 않았다. 돈은 언제나 그에게 결과였지 목표인 적이 없었다.

템플턴은 투자 업계에 헌신하기 전 텍사스에서 직장 생활을 했다. 그는 한 달에 한 번 상사에게 자신의 업무를 더 잘하기 위해서는 어떻게 하면 좋을지 물었다고 한다. 질문을 통해 일을 잘하는 동시에 상사에게 자신이 끊임없이 노력한다는 사실을 전달할 수 있었다. 또한 그는 상관보다 일찍 출근하고 늦게 퇴근하는 것을 원칙으로 삼았다. 그 결과 조직의 신뢰를 얻어 1년 만에 재무 담당 부사장이 되었다.

템플턴의 사례에서 핵심은 처세술이 아니다. 중요한 것은 누구나 일을 잘 수행하려는 의지와 배우려는 자세를 통해 교환관계를 긍정적으로 만들 수 있다는 것이다. 그 후에 비로소 거래의 이익에 대해 이야기할 수 있다.

마찬가지로 기업은 고객에게 물어야 한다. "저희가 만족스러운 일 처리를 제공하려면 어떻게 하면 좋을까요?" 이처럼 고객과의 관계를 중심에 둘 때 이익이 따라온다. 그럼에도 많은 조직과 직원들은 거래에서 사익 추구가 우선이라고 생각한다. 고객을 돈으로 보는 것이다.

사람들은 상대가 자신을 돈으로 본다는 사실을 빠르게 파악한다. 미국 드라마 「라이 투 미Lie to me」에는 신체 언어와 얼굴 표정을 평생 연구한 범죄 심리학자 칼 라이트먼 박사가 등장한다. 그는 '미세표현Micro Expressions'이라고 불리는 상대의 표정 변화나 얼굴의 작은 움직임을 통해 거짓말을 파악한다.

이 캐릭터는 실존 인물인 비언어 의사소통 전문가 폴 에크만Paul Ekman 박사를 모델로 한다. 그는 인간의 표정을 40년 동안 연구해 '얼굴 움직임 부호체계Facial Action Coding System; FACS'라는 시스템으로 정리했다. 에크만은 얼굴 근육에 번호를 붙여 최초의 얼굴 근육 지도를 만들었다. 인간의 얼굴은 2개 근육을 조합해 300개, 3개 근육을 조합해 4천 개, 5개 근육을 조합해 1만 개 이상의 표정을 만들 수 있다. 그 가운데 유의미한 표현을 골라내면 3천 개 정도가 된다.

노련하고 경험이 많은 영업 직원들은 마치 점쟁이처럼 고객의 얼굴만 보고도 거래가 가능한지 아닌지 판단하려고 한다. 하지만 고객도 찰나에 스쳐가는 직원의 얼굴 표정에서 생각과 감정을 추측할 수 있다. 고객도 그 평가 결과에 따라 이 직원과 거래를 할지 말지 결정한다. 결론은 간단하다. 기업이 고객을 돈으로 보면 고객도 기업을 돈으로 본다.

......

초심으로 자주 돌아가는 조직

흔히 성과가 좋지 않을 때 초심으로 돌아가자고 한다. 어떤 일을 시작할 때 '초심자의 행운beginner's luck' 덕에 열심히 하지 않았는데도 성과를 거두는 경우가 있다. 그러면 별로 어렵지 않은 것 같다는 마음에 기본을 쌓는 일에 소홀하게 된다. 기초를 쌓는 데 투자하지 않고 성공을 맛보면 금방 성과가 하락하고 조직의 활력이 떨어진다.

그럴 때 리더는 초심으로 돌아가자고 하면서 구성원들의 마음을 다잡으려 노력한다. 초심으로 돌아가자는 권유는 구성원들의 마음이 해이해졌다고 생각하는 전제에서 나온다. 그러나 관리자는 구성원들의 의지가 약해진 것이 아니라 처음부터 기본 역량이 없었던 것이 아닐지 의심해볼 필요가 있다. 초심으로 돌아가자고 주기적으로 외치는 조직은 특히 그렇다.

즉, 초심이라고 표현했으나 정신력이나 의지 문제가 아니라 기본기가 없다는 것이다. 운동선수의 back to the basics는 기본 체력 훈련으로 돌아가는 것을 의미한다. 2002년 월드컵 때 한국 축구 대표팀이 4강이라는 뛰어난 성적을 거둘 수 있었던 요인 중 하나는 히딩크Guus Hiddink 감독의 냉철한 분석과 판단이었다. 많은 사람들이 대표팀의 정신력을 문제 삼았지만 반대로 히딩크 감독은 정신력이 아니라 체력이 문제라고 했다. 그는 선수들의 기본 체력을 만드는 데 집중했다. 선수들이 토할 때까지 체력 훈련을 시켰고 그 판단은 적중했다.

　고객과의 교환관계에서 현장 직원들이 얻고자 하는 것은 무엇인가? 직원이 가진 거래의 니즈다. 그렇다면 무엇이 직원들이 성과를 얻지 못하게 방해하고 초심으로 돌아가도록 만드는가? 직원이 가진 거래의 허들이다. 직원의 니즈를 알고 허들을 알면 실패할 확률을 줄이고 어떤 도움을 주어야 할지 알 수 있다. 실제로 종이에 적어보면 도움이 된다. 다음의 [도표 2-1]처럼 표를 만들어 니즈와 허들을 세 가지씩 적어보자.

[도표 2-1] 거래의 니즈와 허들

구분	거래를 통해 얻고 싶은 것 니즈(needs)	니즈를 방해하는 것 허들(hurdle)
1		
2		
3		

　니즈 란에는 돈을 제외하고 거래 성과로서 얻고 싶은 것을 적는다. 유능한 관리자는 직원들이 일을 해야 하는 이유도 모르면서 그저 하고 있는 경우가 있다는 것을 알고 있다. 신입 사원들은 "입사하면 노력하겠습니다,

잘 하겠습니다, 최선을 다하겠습니다"라고 말한다. 그러나 "일의 보람을 느끼기 위해 입사합니다", "고객에게 인정받기 위해 입사하려고 합니다"라고 말하는 사람은 드물다. 직원들은 당연히 돈을 벌기 위해 입사했다. 그 외 일의 동기와 연관된 목적을 가졌을 리 없다. 그래서 적어보라는 것이다. 생각을 해야 한다.

직원이 느끼는 거래에 대한 니즈와 허들을 드러내는 과정으로, 직원 행동에 이유를 부여할 수 있다. 왜 이 일을 직업으로 삼고 싶은가? 돈 외에 이 일에서 얻을 수 있는 성과는? 어떻게 하면 그 성과를 얻을 수 있는가? 그러기 위해 어떤 허들을 어떻게 제거할 것인가?

이 과정을 통해 '거래에서 고맙다는 말을 듣고 싶다', '상대로부터 인정을 받고 싶다' 정도를 드러내는 것으로 충분하다. 직원 스스로 생각한 니즈 세 가지를 [도표 2-1]의 좌측에, 작성한 니즈를 어렵게 만드는 허들을 [도표 2-1]의 우측에 적는다. 주의할 점은 너무 포괄적인 것과 스스로 통제할 수 없는 것은 배제하는 것이다. 구체적이고 통제 가능한 항목에 집중해 직원이 부정적인 시각을 갖는 것을 막아야 한다.

유리 천장⁴이나 출신 배경 등을 허들로 인정하면 직원은 쉽게 남 탓으로 돌린다. 내 탓으로 할 수 있는 허들에 집중해야 한다. 약한 신념, 남의 말에 상처받는 성격, 지속성이나 일관성 없음, 목표 의식 부재 등이다. 거래의 니즈를 생각하면서 허들을 낮추려 노력하면 목표가 확실해지고, 동기가 향상되고, 성과 창출의 동인이 된다. 부정적인 것은 줄이고 긍정적인 것은 늘리는 것이다.

---

4 조직 내에서 여성들이 느끼는 승진의 한계를 말한다.

......

목표-행동-결과의 조정

직원의 동기 높이기를 돕는 다른 프레임워크도 있다. GE를 이끌었던 잭 웰치Jack Welch는 목표-행동-결과를 일치시키면 비즈니스를 명료하게 이해할 수 있다고 했다. 고객과의 교환관계도 거래의 목표-행동-결과로 나누어 살펴보면 할 일이 확실해지고 구성원의 이해도 높아진다. 웰치는 비즈니스의 핵심 원칙으로 목표-행동-결과의 세 가지 요인을 생각하면서 끊임없이 정렬alignment시키는 것이 중요하다고 했다. 자동차도 바퀴의 얼라인먼트가 되어있지 않으면 원하는 방향으로 갈 수 없다.

다음의 [도표 2-2]와 같이 거래의 목표, 행동, 결과를 작성해보자. 고객과의 거래 목표는 무엇인가? 목표를 달성하기 위해 어떤 행동을 해야 하는가? 그 행동을 통해 어떤 결과를 얻을 수 있는가? 반복적인 확인 과정을 통해 구성원의 참여를 높이고 고객과의 교환관계를 촉진하는 동인으로 삼을 수 있다.

[도표 2-2] 목표-행동-결과의 정렬

구분	정렬 방향(→)		
	목표	행동	결과
내용			

마태효과의 비밀

1퍼센트 차이를 지속하는 능력

현대 경쟁 전략의 창시자인 마이클 포터Michael Porter의 '근원적 전략generic strategies'에 따르면 기업이 경쟁 우위를 얻을 수 있는 방법에는 세 가지가 있다. '차별화differentiation', '가격cost leadership', '집중focus'이다.

차별화 전략은 고객에게 남다른 제품이나 서비스 포지셔닝을 제공하는 것이고, 가격 전략은 원가 우위를 통해 남보다 저렴하게 공급하는 것이며, 집중 전략은 특정 시장과 고객을 대상으로 자원을 집중하는 것이다. 보유한 자원이 경쟁자와 크게 다르지 않은 상황이라면 뭔가 차별화 포인트가 있을 때 거래에서 앞설 수 있다.

예를 들어 생명보험 업계는 거의 차이가 없는 상품을 다룬다. 따라서 보험 상품의 질적 차이가 거래의 성패를 좌우하는 비율은 매우 작다. 이처럼 상품이 '거의' 동일한 경우 상품을 본인에게 전달하는 '사람'의 차이가 중요하게 인식된다.

오마하의 현인 워런 버핏Warren Buffett의 회사 버크셔 해서웨이Berkshire Hathaway의 주식 가격은 2022년 8월 기준 class A 1주당 44만 달러, 원화로 약 5억 7천만 원에 달했다. 주주총회에서 주주들은 버핏에게 어떻게 시장과 주식 가격을 예측하느냐고 종종 묻는다. 그 질문에 버핏은 시장에 대한 예측은 해본 적도 없고 주식 가격을 맞춘 적도 없다고 답변한다. 자신에게는 그런 능력이 없다는 것이다.

대신 그는 작은 차이를 쌓아가는 꾸준함과 지속력에 집중하라고 조언한다. 동일한 행동을 반복적으로 지속하는 것은 어렵다. 남들과 미세한 차이를 만들고 싶다면 지속하면 된다. 1퍼센트의 차이를 만드는 것으로 충분히 의미가 있다. 이 작은 숫자가 장기적으로는 위력을 발휘한다. 세계 최고 투자자인 그는 자신이 해온 일은 남보다 1퍼센트를 더 얻기 위한 노력이라고 밝힌 바 있다.

버핏은 40년간 투자 원금을 500배 이상으로 불렸다. 성과를 이룬 비결은 착실한 1퍼센트의 차이를 만드는 반복적인 노력이었다. 타이거 우즈는 매일 코치와 캐디로부터 조언을 얻어 자신을 객관화하기 위한 노력을 하며 작은 향상의 여지를 찾았다. 1퍼센트씩 성과를 계속 향상시킬 수 있다면 지속하는 재미가 있다.

있는 자는 더 받아 풍족해지고 없는 자는 그 있는 것까지 빼앗길 것이라는 마태복음 25장 29절 말씀에 착안해 사회적 현상을 설명하는 것이 '마태 효과Matthew Effect'다. 원래 성경 말씀은 주어진 재능을 제대로 사용해야 한다는 의미에 가까운데, 부자는 더욱 부자가 되고 빈자는 더욱 가난해지는 극단적인 양극화 현상이나 고도의 역량을 집중할 때 폭발적 성장이 일어나는 현상의 설명에도 사용된다.

남들보다 앞서가기 위한 1퍼센트는 어디서 만들까? 첫째, 다른 방법이나 새로운 수단을 도입한다. 둘째, 기존 방법론의 확률을 올린다. 남과 동일한 방법을 사용하지만 성과의 확률을 높이는 것이다.

남들이 지금까지 생각하지 못한 새로운 방법을 찾는 것은 매우 어렵다. 만약 찾아내더라도 그 방법을 도입하기 위해 충분한 자원이 있는지도 고민해야 한다. 그러나 기존과 같은 방법으로 일을 하더라도 확률을 높이는 방법은 많다. 현재의 거래 확률이 15퍼센트라면 조금씩 확률을 높여가며 장기적으로 20퍼센트, 25퍼센트를 지향해야 한다.

1퍼센트의 작은 노력은 얼마나 효과가 있을까? 지금 조직 성과가 1이라고 가정하고 하루에 1퍼센트씩 성과 향상 노력을 해보자. 70일 후에 성과는 2배가 된다. 111일 후에는 3배다. 그리고 성과는 기하급수적으로 늘어난다. 그 결과 놀랍게도 232일 만에 성과는 10배가 된다. 원금에 이자를 더한 금액에 다시 이자를 계산하는 복리 효과와 같다. 놀라운 것은 9에서 10으로 성과가 향상되기까지는 단 11일밖에 소요되지 않는다는 것이다. 가속도가 붙은 롤러코스터다. 이것이 가능하면 대략 1년 안에 10배의 성과를 낼 수 있다.

그러나 하루 1퍼센트의 향상도 시간이 지나면 점점 어려워진다. 그렇다면 한 달에 1퍼센트 향상으로 전제를 바꾸면 어떨까? 20년을 지속한다고 가정하고 한 달에 1퍼센트 노력을 한 경우와 2퍼센트 노력을 한 경우를 비교해보자.

한 달에 1퍼센트씩 향상시킨 경우 거래 성과는 20년 후(240개월) 약 11배로 증가한다. 추가적인 1퍼센트의 노력, 즉 2퍼센트씩 향상시켰다면 동일한 20년 후에 성과는 11배가 아닌 약 114배로 늘어난다. 현재의 매출이 1억 원이라면 20년 후에는 114억 원이다. 2퍼센트의 노력이라면 동일한 기간에 1퍼센트의 노력 대비 10배의 성과를 가져오며 시간이 흐를수록 차이는 더 커진다. 어디까지나 이론적인 이야기이고 현실에서는 장애 요인도 있겠지만 복리 효과가 가져오는 성과의 마법은 매력적으로 들린다.

시작은 미약했지만 고객 거래 성과를 폭발적으로 늘린 기업들은 많다. 면도기 회사 질레트Gillette가 세계 최초로 갈아 끼우는 일회용 면도날을 출시한 것은 1903년의 일이다. 첫 해 동안 면도기 본체는 51개, 면도날은 168개가 팔렸다. 그러나 다음 해에는 본체 9만 개, 면도날 12만 개를 팔았다. 17년 후 질레트는 100만 개의 본체와 1억 2천만 개의 면도날을 팔았다. 약 100배의 성장이다.

이러한 기업의 성과 향상 뒤에는 복리 효과 같은 지수함수형 성장이 있었음을 알 수 있다. 작은 변화를 지속하는 가치는 크다. 영혼의 투자자 존 템플턴은 투자 결과가 타이밍timing이 아니라 투자한 시간time에서 얻어진다고 말했다.

[도표 2-3] 하루에 1% 성과 향상 노력이 있는 경우

일차	성과	추가 100% 향상에 소요되는 시간
Day 1	100%(원래 수준)	-
Day 71	200%	70일(Day 1~71)
Day 112	300%	41일
…	…	…
Day 222	900%	12일
Day 233	1,000%	11일(Day 222~233)

[도표 2-4] 한달에 1%와 2% 성과 향상 노력이 있는 경우의 성과 차이

조건	기간	성과
월 1% 향상 노력	10년 후	초기 성과의 3배
	20년 후	초기 성과의 11배
월 2% 향상 노력	10년 후	초기 성과의 11배
	20년 후	초기 성과의 114배

......

51퍼센트 VS 49퍼센트

51퍼센트와 49퍼센트는 큰 차이가 없어 보이지만 실제로는 완전히 다른 결과를 가져온다. 승리와 패배로 구분되는 이분법의 세계에서 51퍼센트는 승리, 49퍼센트는 패배를 의미한다. 동전 던지기를 할 때 앞면 혹은 뒷면이 나올 확률은 각각 50 대 50으로 동일하다. 처음에는 정확히 앞뒤 50퍼센트가 아니겠지만 무한히 반복하면 50퍼센트에 근접한 결과에 수렴한다.

만약 애초에 앞면이 나올 확률이 50퍼센트가 아닌 51퍼센트라고 해보자. 무한대로 반복하면 51퍼센트의 결과를 얻는다. 장기적인 관점에서 게임의 승리가 보장된다. 시간이 지날수록 확고해지는 것이다. 반대로 앞면이 나올 확률이 49퍼센트로 낮아지면 시간이 지날수록 패배는 확실하다. 1퍼센트 차이지만 그것이 승부의 핵심 원천이라면 어떠한 값을 치르더라도 반드시 얻어내야 하는 숫자가 된다.

돈을 크게 잃어 도산한 카지노의 이야기는 별로 들어본 적이 없다. 카지노는 기본적으로 망하지 않도록 '설계되어있기' 때문이다. 손님은 지고 카

지노는 승리한다. 이것이 기본 원칙이다. 바로 1퍼센트 때문이다.

카지노는 통상 51퍼센트의 승률로 이기도록 디자인되어있다. 카지노에서 처음에 운이 좋아 몇 번 돈을 딸 수는 있겠지만 통계적으로는 게임을 할수록 돈을 잃는다. 카지노 게임에서 고객이 이길 확률은 룰렛 42퍼센트, 다이사이 49퍼센트, 바카라 49.4퍼센트 정도로 알려져 있다. 바카라가 확률이 높겠지만 어쨌든 플레이어는 게임을 할수록 돈을 잃는다.

즉, 플레이어가 매우 신중하게 게임에 임하더라도 장기적으로는 승부에 영향을 주지 못한다는 것이다. 생각 없이 무작위로 게임을 하거나 신중하게 게임을 하거나 큰 차이가 없다. 51퍼센트 이상의 승률을 가지면 장기적인 게임에서 반드시 승리한다. 이것이 하우스의 룰이다.

규칙을 바꾸지 않으면 지는 게임만 한다. 거래에서 고객은 직원보다 유리한 위치에 있다. 하우스의 승률은 고객 편이다. 거래 결정권을 가지는 것은 고객이지 직원이 아니다. 따라서 기업과 직원은 거래 확률을 높이는 노력을 해야 한다. '도박사의 오류gambler's fallacy'란 지금까지 열 번 던진 동전이 모두 앞면이었으니 이제는 뒷면이 나올 것으로 판단하는 것이다. "내일부터는 뭔가 다를 테니 파이팅하자!" 따위를 외치는 것보다 현재의 거래 승률을 49퍼센트에서 51퍼센트로 만들려는 노력을 하는 것이 현실적이다.

......

완벽주의자보다 완료주의자

작가 마크 트웨인Mark Twain은 "한 번에 완벽하게 하는 것보다 조금씩 꾸준히 향상시키는 것이 좋다Continuous improvement is better than delayed perfection"라고 했다. 뛰어난 관리자 사이에서 상식처럼 통용되는 말이다. 국내 어느 상장 기업의 리더는 부하들에게 완벽주의자보다 완료주의자가 되라고 조언한다. 한 번에 큰 성장을 기대하는 것은 어렵다. 그렇기 때문에 작은 성과 목표를 한 번에 하나씩 이루는 것을 목표로 지속적으로 반복하다 보면 어느새 성장한 자신을 발견하게 된다는 것이다.

인간의 주어진 능력 차이는 크지 않기 때문에 행동 차이가 결과 차이를 만든다. 차이를 더 크게 벌리는 것이 지속하는 힘(지속력)이다. 고수들은 거래 성과를 높이기 위해 '플러스 원' 하라고 강조한다. 한 번에 큰 변화를 추구하지 말고 일상 속에서 하나씩 개선하려는 습관을 들이라는 것이다. 일단 변화가 시작되면 유지에 초점을 맞춘다.

고객과의 교환관계는 기름 바른 나무를 오르는 것과 같다. 나무가 미끄러우면 중간에 매달려 멈추어있을 수 없다. 지속해서 위로 올라가려는 노력이 없으면 아무리 애를 써도 아래로 내려가는 자신을 발견하게 된다. 우주 비행사들은 대기권 밖에서 지구를 바라보며 우주 유영을 한다. 그런 체험 속에서 소중한 지혜를 얻게 된다. 우리를 두렵게 하는 것이 지구로부터의 높이인 줄 알았는데, 실제 두려워해야 하는 것은 우리를 끌어당기는 중력이라는 것이다. 우리가 매일 겪는 중력에서 벗어나 객관적으로 자신을 바라보면 안 보이던 것이 보인다. 상자 속에서 지내왔다면 상자 밖으로 나가 객관적으로 바라보려는 노력이 필요하다.

지구에 중력이 작용하는 한 아래로 끌어내려진다. 현재 수준을 유지하는 것을 목표로 하지 말고 위로 오르려는 노력이 필요하다. 추가적인 1퍼센트 만들기나 플러스 원의 사고방식이 필요한 이유다. 99퍼센트의 조직과 개인이 등한시하는 1퍼센트의 향상 노력이 중요하다.

......

지속하려는 노력은 훌륭한 동기가 된다

거래에서 성공과 실패의 수익 차이는 크다. 그러나 성공과 실패의 원인 차이는 작다. 지속력은 고성과의 원동력이다. 남들과 차별화가 어렵다면 같은 일이라도 많이, 오래 지속해야 한다. 성과를 내는 조직이 되려면 통제 불가능한 요인에 대해서 논하지 말고 통제 가능한 요인에 대해 대화하는 습관을 길러야 한다.

플라톤Platon의 스승이었던 소크라테스Socrates는 그리스 최고의 지성이었다. 그는 모든 제자를 불러 모으고 그 앞에서 어깨를 돌리는 시범을 보였다. 소크라테스는 이 운동이 건강에 좋다며 제자들에게 하루에 300개씩 해보라고 했다. 다음 날 그는 제자들에게 운동을 했느냐고 물었다. 모두 그렇다고 대답했다. 소크라테스는 1주일 후 다시 물었다. 대략 80퍼센트 정도가 운동을 했다고 했다. 한 달 후 다시 물었다. 인원은 더 줄었다. 그는 다시 묻지 않았다. 1년 후 소크라테스가 어깨 운동을 하고 있는 사람은 손을 들라고 했다. 1명만이 손을 들었다. 플라톤이었다.

어깨 운동은 아무나 할 수 있다. 그러나 가르침대로 지속한 것은 플라톤 외에는 없었다. 어려운 일을 잠시 하는 것은 쉽다. 그러나 사소한 일을 지속적으로 하는 것은 어렵다. 지속력을 발휘하는 것은 누구나 할 수 있지만 아무나 할 수 없는 일이다.

축구 선수 이영표는 강연을 통해 청소년들에게 축구 잘하는 방법에 대해 설명했다. 비결은 간단했다. 우선 다른 친구들보다 '노력'하는 것이다. 그는 유년 시절 1주일 단위로 계획을 세우고 실행했다. 기초 체력과 민첩성을 기르기 위해 줄넘기를 하루에 1천 개씩 2년 동안 매일 했다고 한다. 처음에 100개씩 10세트를 했고 2년이 지나서 2단뛰기 1천 개를 한 번에 할 수 있게 되었다.

그 결과 축구를 하면서 공을 빼앗기지 않게 되었다. 그에 따르면 많은 재능 있는 어린이들이 축구를 포기하는데, 그 이유는 근시안적 사고라고 한다. 지금만 보고 미래는 보지 않는 것이다. 빨리 잘하고 싶다는 조급함이 성과의 방해 요인이 된다. 조급함은 축구 꿈나무들이 지속력을 갖추기보다 빨리 이기는 방법에 집중하도록 만든다.

지속력에 대한 강조는 A4 종이를 접다 보면 달까지 도달한다는 이야기와 맥락적으로 통한다. 종이를 실제로 일곱 번 이상 손으로 접는 것은 어렵지만 이론적으로는 가능하다. 충분히 큰 종이가 있다고 가정해보자. 두께가 0.1밀리미터인 A4 종이를 접을 때마다 두께는 2배가 된다. 0.2밀리미터, 0.4밀리미터, 0.8밀리미터… 숫자가 점점 커진다. 처음에는 별일 아닌 것처럼 느껴져도 지속해서 30번을 접으면 무려 약 100킬로미터의 두께가 된다. 100킬로미터도 대단하지만 딱 한 번 더 시도해 31번을 접으면 약 200킬로미터가 된다. 플러스 원, 한 번 더 노력한 것으로 100킬로미터의 차이가 난다.

처음에는 미미한 차이였다. 그러나 중간에 접기를 한 번 멈춘 사람은 이 정도 차이를 따라잡을 수 없다. 성과에는 가속도가 붙는다. 30번에서 열 번을 더 접어 40번을 접으면 무려 약 10만 킬로미터다. 두 번 더 접는다면 약 44만 킬로미터가 된다. 지구에서 달까지의 거리는 38만 킬로미터다. 종이를 42번 접는 것으로 달까지 갈 수 있다.

진정한 노력이란 도저히 안 될 것 같을 때 한 번 더 접는 것이다. 한 번 더 접으면 메시나 호날두가 될 수 있다. 능력의 차이는 작으나 행동의 차이는 크다. 지속하는 것의 차이는 더 크다.

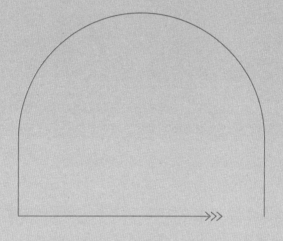
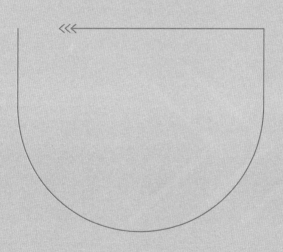

EXCHANGE

Chapter 3

거래의 태도

| 01 |
어떻게 하는지가 중요하다

전통적으로 인사 조직 영역에서는 역량을 구성하는 요인으로 태도, 지식, 스킬을 든다. 그러나 역량에 가장 큰 영향을 주는 하나의 요인만 꼽으라고 한다면 단연 태도다. 많은 기업에서 직원을 고용할 때 지식과 스킬 부분을 높게 친다. 4차 산업혁명 시대 인재상에 필수적인 특성은 채용 후 바로 현업에 투입할 수 있는 인재인지 여부다. 특히 정보 서비스 산업이 발전하면서 개발자 직군에 대한 채용이 독립적인 영역으로 분류되고 각광받는 현 상황에서 지식과 스킬은 가장 우선적인 고려 역량이 되고 있다.

업무 영역에 대한 도메인 지식과 스킬은 중요하다. 그러나 기업 현장에서 지식이나 스킬의 성과 창출 연계성을 살펴보면 지식과 스킬이 성과를 예측하지 못한다는 증거들이 제시되고 있다. 국내 최대 점유율을 자랑하는 인사 소프트웨어 기업의 발표에 따르면 면접, 학력, 어학, 각종 자격증, 인적성 검사 등은 입사 후의 성과를 예측하는 도구로서 타당도가 거의 없거나 성과와 역상관관계를 가진다. 기업이 무수히 많은 노력, 시간, 예산을 투입해 최고 인재를 뽑기 위한 노력을 하는 것과는 달리 그 많은 투입된 자원들이 거의 무효하다는 것이다. 이 기업의 주장에 따르면 유일하게 입사 후 성과를 예측하는 데 유의미한 수준에서 상당 수준의 효용성을 보이는 것이 역량 검사인데(상관계수 0.5 이상), 그들의 역량 검사는 지식, 스킬에 중점을 두지 않고 있다.

중점을 두는 것은 태도다. 지식과 스킬은 입사 후에도 훈련에 의해 습득이 가능하다. 그렇지만 성과 태도는 만들어지기가 어렵다. 때문에 어떤 태도를 가졌느냐가 성과의 상당 부분을 좌우한다고 보는 것이 일면 합리적으로 보일 수 있고, 신규 입사자의 태도 측면을 예측하려는 노력이 미래 성과를 예측하는 데 가장 결정적인 요인이라고 보는 관점을 받아들일 수 있다.

2022년 7월 자이들플린zaidleppelin이라는 틱톡 크리에이터가 '조용한 퇴사quiet quitting'라는 영상을 업로드한 후 전 세계의 2030 사이에서 반향이 일어났다. 직장에서 성과에 신경 쓰며 스트레스를 받기보다 해야 할 일만 하면서 개인의 삶을 우선시하겠다는 움직임이다. 일에 소극적인 태도를 보이거나 업무 지시나 이메일 등에 적극적으로 회신하지 않는 것도 이러한 운동의 일부로 이해된다.

조용한 퇴사나 소극적인 업무 태도 같은 조직원의 변화는 팬데믹 이후 기업이 당연히 신경 써야 할 중요 트렌드로 봐야 한다는 관점이 존재한다. 그러나 일부에서는 누구나 일에 대한 태도에 있어 이런 능동적인 선택을 할 수 있는 것은 아니며 이런 현상은 과거에도 있었던 부실 업무, 정시 퇴근, 태만 등의 이기적인 행위를 재포장한 것에 지나지 않는다는 관점도 있다. 자신이 추구하는 라이프스타일에 집중하는 태도로 가볍게 보면 된다는 것이다.

미국의 계관 시인 마야 안젤루Maya Angelou는 뭔가가 마음에 안 들면 바꾸고 만약 그럴 수 없다면 스스로의 태도를 바꾸라고 했다. 태도는 사람이 가진 역량의 중요한 일부인 것은 확실하다. 고객들은 감정적인 이유로 결정하고 논리적인 (척하는) 이유를 댄다. 사람들의 의사 결정은 객관적인 척하지만 주관적이라는 것이다. 상대에게 논리만 들이댄다고 성과를 얻기는 힘들다. 거래에서 원하는 것을 얻으려면 상대의 감정을 건드려야 한다. 거래 성과를 높이기 위해서는 거래를 '전달'하는 메신저의 태도가 매우 중요하다.

따라서 태도에서 남들과 차별화하려는 생각이 필요하다. 유만주는 조선 정조 때 한양, 지금의 서울 남대문 근처에 살았던 평범한 유생이었다. 그는 20세였던 1775년부터 죽을 때까지 13년간 하루도 빠지지 않고 일기를 썼다. 그의 일기는 18세기 후반 한양의 풍경과 사람들의 모습을 세밀하게 묘사하고 있다. 당시 과거 시험 현장의 모습을 살펴보자.

"나라 안에서 이번 시험에 응시한 자가 통틀어 모두 10만은 된다는 것이다. 참으로 귀머거리와 절름발이까지 모두 일어났다 하겠으니…." (1774년 음력 9월 26일)

10만 명이 과거 시험에 응시했다면 어린이날 테마파크에 사람이 꽉 찬 정도다. 당시 조선의 추정 인구는 대략 1천만~1천 300만 명 사이였다. 10만 명이면 인구의 약 1퍼센트가 과거 시험을 보러 온 것이다. 250년 전에도 경쟁은 치열했다. 경쟁은 앞으로도 치열할 것이다. 그렇다면 어떻게 승리할 것인가?

어느 작은 마카롱 가게의 사장은 1주일에 3일, 하루에 5시간만 일하면서 하루 170만 원 이상의 매출을 올린다. 3명도 들어가기 힘들고 간판도 없는 이 매장은 지리적으로도 외진 곳에 있다. 구매 중이 아닌 고객은 밖에서 대기해야 한다. 다양한 종류의 마카롱을 취급하고 상세한 제품 설명을 제공하며 가격도 결코 저렴하지 않다. 또한 온라인 판매나 배달 판매도 하지 않고 재료 납품, 클래스도 안 한다. 사장은 제과를 전공으로 배운 적도 없다.

성공 비결을 묻는 TV 리포터의 질문에 사장은 잘 모르겠다고 했다. 하지만 리포터가 사업에서 무엇을 중요하게 생각하느냐는 질문을 하자 이렇게 말했다.

"차별화가 중요합니다. 무엇을 파는지는 그리 중요하지 않고 어떻게 파는지가 중요합니다."

......

비상식을 상식으로

높이뛰기 선수 딕 포스베리Dick Fosbury는 배면뛰기라는 이름으로 알려진 '포스베리 플롭Forsbury Flop' 기술의 창시자다. 그는 이 기술로 높이뛰기의 역사와 판도를 바꾸었다. 배면뛰기는 선수가 장애물을 등으로 넘는 테크닉이다. 앞을 바라본 채 장애물을 넘는 정면뛰기, 측면으로 넘는 가위뛰기도 있지만 오늘날 올림픽이나 육상 경기에서는 모든 선수가 배면뛰기로 넘는다. '상식'이기 때문이다.

배면뛰기는 포스베리 이전에는 비상식이었다. 그는 1968년 멕시코시티 올림픽에 출전해 세계의 스포츠 애호가와 시청자에게 큰 충격을 주었다. 그는 출전 선수 중 유일하게 몸을 틀어 뒤로 가로대를 넘었다. 이것이 역사상 첫 올림픽 배면뛰기 장면이다. 최초의 배면뛰기는 그에게 2미터 38센티미터라는 세계 신기록과 금메달을 선사했다.

그로부터 5년 전 고등학생이었던 그는 '쉬워 보이는' 높이뛰기 종목을 선택했다. 자신의 체격 조건이 뛰어나지 않다는 것을 깨달은 후 다른 선수들과 경쟁하려면 다른 방식을 시도해야 한다고 생각했다. 남들은 비웃었지만 그는 조금씩 엉덩이 위치나 눕는 각도에 변화를 주었다.

그렇게 비상식이 새로운 높이뛰기의 상식이 되었다. 포스베리의 첫 출전 후 4년이 지난 뮌헨 올림픽에서는 단 1명의 예외도 없이 모든 선수가 배면뛰기를 시도했다. 그후 올림픽에서 배면뛰기 이외의 테크닉은 사용되지 않았다. 이것은 단순히 뒤로 뛰는 기법이 아니라 당시까지의 익숙함을 버린 혁신이었다.

......

나아질 수 있다면

농구 황제 마이클 조던Michael Jordan은 현역 시절 경기 시작 3시간 전에 경기장에 나와서 자유투 연습을 했다. 그는 "아직 더 나아질 수 있기 때문이다"라고 말하곤 했는데, 성과를 높이려면 반복적인 일상 과업이라도 나아지려는 노력을 해야 한다.

일본 오사카의 한 자동차 딜러사 전시장에는 고객 응대 일지가 있다. 일지 항목은 고객 입장 시간, 좌석 번호, 직원의 안내 여부, 서비스 예정 대기 시간, 음료 제공 여부, 음료 교체 여부, 영업 담당 직원의 인사 여부, 보험 가입 권유 여부, 서비스 담당 직원의 인사 여부, 잡지 권유 여부, 중고차 견적 제시 여부, 멤버십 안내 여부, 멤버십 가입 여부 등이다. 직원들은 고객이 전시장에 들어오면 응대 일지에 하나씩 표시를 한다. 응대에 변화가 생기면 또 표시를 한다.

전시장 직원들이 흔히 받는 질문 중 하나는 매일 하는 일을 왜 기록하느냐는 것이다. 직원들은 이 리스트로 고객이 매장에 들어온 후 어떤 응대를 받았는지 누구나 알 수 있다고 한다. 고객이 들어왔을 시점의 응대 직원이 자리를 비워도 고객의 상태를 확인할 수 있는 것이다. 귀찮게 고객에게 물어볼 필요가 없고 고객을 불편하게 만들지 않아도 된다. 아직 응대하지 않은 부분은 다른 직원이 확인하고 처리하면 된다.

재미있는 것은 이 응대 일지 운영 방침은 매니저나 경영진으로부터 내려온 일이 아니라는 것이다. 이 방식은 직원들이 스스로 만들었다. 일지는 직원을 평가하는 자료도 아니다. 단지 고객에게 선택지를 제공하고 선택을 받는다는 좋은 거래의 상식에 부합하는 일 처리 방법이다.

관리자는 고객이 기뻐할 것이라고 생각되는 일이라면 직원들 스스로 즐겁게 제안한다고 했다. '목표(고객이 기뻐한다)-행동(최적의 응대를 한다)-결과(고객의 선택을 받는다)'의 정렬이다. 예상되는 긍정 결과를 그려두고 거꾸로 그것에 필요한 핵심 행동을 정한다. 마이클 조던의 말처럼 더 나아질 여지는 있다.

......

양은 질을 만든다

프로는 일을 중심에 두는 반면, 아마추어는 자신을 중심에 둔다. 배가 고픈데, 일부터 처리하고 밥을 먹으면 프로이고 밥부터 먹자고 하면 아마추어다.

프로 스포츠맨은 일상 중 80퍼센트를 시합 준비에 사용하고 20퍼센트를 경기에 사용한다. 시합 준비는 곧 역량 유지와 향상이다. 20퍼센트인 실전에 대비하기 위해 가용 시간의 80퍼센트를 사용하는 것이다. 일반적인 직장인이라면 일상의 99퍼센트가 시합이고 매일이 실전이다. 그러나 역량 향상을 위한 시간 분배는 부족하다. 실전 준비에 1퍼센트도 사용하지 않는 경우가 많다. 연구에 따르면 30세 이상의 대한민국 성인 남성은 죽을 때까지 하루 평균 3분 미만으로 학습한다.

무작정 노력하라고 해서도 안 되겠지만 노력에 대한 태도를 정해둘 필요는 있다. 양은 질을 담보하지 않는다고 말하는 사람도 있다. 그러나 슈베르트, 바흐, 베토벤, 모차르트 등 전설적인 음악가들은 한결같이 많은 작품을 작곡했다. 모차르트는 600개 이상의 작품을 내놓았다. 하이든이 작곡한 작품의 연주 시간을 모두 합치면 340시간에 이른다. 헨델은 303시간, 모차르트는 202시간이다.

당시 평균 수명을 생각해보면 거장들이 인생의 상당한 시간을—사실 거의 대부분—작품 활동에 투자한 것을 알 수 있다. 관련 연구에 따르면 음악가의 명성과 작품의 양은 높은 상관관계를 보인다. 능력이 뛰어난 천재 음악가라서 많은 작품을 내놓은 것일까, 아니면 많은 작품을 창작하는 과정에서 천재가 탄생한 것일까?

확실한 것은 위대한 음악가인 모차르트, 바흐, 베토벤은 역사상 가장 많은 작곡을 한 사람들이라는 것이다. 그들의 위대함은 그들의 작업 양과 직접적으로 연관되어있다고 보는 것이 타당하다. 모차르트가 아무리 천재였다고 해도 그가 7세 때 작곡한 음악의 수준은 그의 마지막 작품인 '레퀴엠 D 단조Requiem In D Minor, K.626'에 미치지 못한다. 프로들은 반복적인 투입을 통해 질적인 성장을 이룬다.

걷고, 걷고, 걷고

거래는 거절의 순간부터 시작된다. 20세기 일본의 보험왕 하라 잇페이原
一平는 메이지 생명보험[5]의 영업 직원으로, 지도층 인사들에게 많은 영향력
을 끼쳤다. 그가 70세가 되어 은퇴 기자 회견을 할 때 한 기자가 실적의 비
결에 대해 질문했다. 그는 신발을 벗고 굳은살이 가득한 자신의 발을 만져
보라고 했다. 그의 영업 비밀은 남들보다 더 걷고 뛰는 것이라고 했다. 발
레리나 강수진이나 축구 선수 박지성의 발도 마찬가지다. 압도적인 활동
량의 상징이다.

잇페이는 거래에서 더 분발하는 것은 손해가 아니라 이득이라고 했다.
인간이 편해지는 것이 미덕인 세상이지만 성과를 위한 기본은 변하지 않
는다는 것이다. 그는 거래의 태도가 중요하다고 하면서 세 가지 요소를 들
었다. 첫째는 인간적 매력과 진정성이다. 미소와 매너로 기본을 갖추어야
한다. 둘째는 적극성이다. 진실한 연기를 펼치는 배우가 되어야 한다. 셋째
는 사전 준비와 연습이다. 평소 역할극을 통해 다양한 시나리오를 준비해

---

5 1881년 설립된 일본 최초의 생명보험사로, 현 메이지 야스다 생명보험(Meiji Yasuda Life
   Insurance)의 전신이다.

야 한다. 그는 성과를 내는 영업 직원이라면 대부분의 시간을 거래 상대에 대한 사전 조사에 사용해야 한다고 했다.

빌 포터Bill Porter 역시 거래의 태도란 어떤 것이어야 하는지 잘 보여준다. 그는 생활용품을 방문 판매하는 왓킨스Watkins의 영업 직원으로, 태어날 때부터 뇌성마비로 인해 한쪽 손을 쓸 수 없었다. 언어 장애로 말도 어눌했다. 포터는 40년간 샘플 가방을 들고 가가호호 문을 두드렸다. 운전을 못 해서 하루에 70블록, 15킬로미터를 걸어다녔다. 새벽 4시 45분에 일어나 양복을 입고 첫 버스를 타고 호텔에 들러 직원의 도움으로 소매 단추를 채우고 구두 끈과 넥타이를 맨 후 두 번째 버스로 갈아탔다. 그는 장애를 장애로 생각하는 것만이 진정한 장애라는 말도 남겼다. 이 휴먼 드라마는 「Door to Door」라는 제목의 미국 TV 시리즈로도 만들어졌다.

그는 건강한 사람도 달성하기 어려운 성과를 냈다. 그가 강조한 모토는 '인내patience'와 '끈기persistence'였다. 긍정적 태도의 중요성이다. 문전 박대를 당하더라도 다음날 다시 문을 두드린다. 포터가 평온을 유지할 수 있었던 것은 다음 집은 물건을 살 거라는 긍정적 기대 때문이었다. 거절 사유는 끝이 없다. 현관문을 열어줄 정도면 괜찮은 구매 신호에 속한다는 것이다.

······

가장 위대한 상인

역사상 가장 성공적인 스토리텔링은 성경이다. 알려진 저자만 35~40명, 기록 기간 1,600년, 등장인물 약 2,900명이다. 세계 70억 인구 가운데 22억

명의 기독교인이 읽는다. 성경 이야기는 신약에서 예수 그리스도의 탄생으로 큰 흐름의 변화를 맞는다. 기록된 예수의 공적인 활동 기간은 3년 반에 지나지 않지만 사후 2,000년이 넘는 시간이 흐른 지금도 신약 이야기는 인류의 삶에 영향을 준다.

그의 행적은 어떻게 전 세계로 퍼져 나갔을까? 여기에는 사도 바울이 큰역할을 했다. 예수는 최고의 콘텐츠(말씀)를 세상에 내놓았지만 그것을 팔아온 것은 바울이다. 그는 해로와 육로로 수천 킬로미터를 여행하고, 유럽과소아시아에 교회를 세우고, 성도들에게 열정과 예수의 말씀을 담아 신약의중요한 기초가 되는 수많은 서신을 보냈다. 그는 예수의 12명 제자에는 포함되지 않지만 위대한 스토리를 전파한 최초의 글로벌 세일즈맨이었다.

오그 만디노Og Mandino가 쓴 『위대한 상인의 비밀The Greatest Salesman in the World』은 방향성을 바로 세워야 성과가 따라온다는 교훈을 준다. 동방의 상인 하피드는 위대한 부를 이룬 후 상단을 해체하기로 결심한다. 극히 소수의 사람들에게 전해온 상인의 비법이 든 두루마리를 다음 후계자에게 전하는 사명이 남았다.

두루마리는 30년 전 주인이 준 것이다. 그는 주인이 제시한 시험을 통과해야 했다. 가난한 자의 도시 베들레헴에 가서 비싼 옷을 팔아오는 것이었다. 그는 물건을 판매하는 데 실패한다. 대신 마구간에서 추위에 떨고 있는한 젊은 부부와 갓 태어난 갓난아기에게 측은한 마음을 갖게 되고 팔지 못한 옷을 주고 온다. 비록 실패했지만 주인은 하피드를 칭찬한다. 그리고 그는 상인으로 성공한다.

후계자를 기다리던 하피드는 자신의 능력이 부족하다며 찾아온 이방인에게 비법을 전해준다. 그는 사도 바울이었다. 바울은 예수의 말씀을 세상에 팔 비법을 찾아 헤매다 비밀의 두루마리를 만난 후 위대한 세일즈를 성공시킨다.

여담이지만 하피드가 베들레헴에서 만났던 갓난아기는 예수 그리스도로 밝혀진다. 비록 픽션이지만 이야기는 많은 교훈을 준다. 10개의 두루마리가 설명하는 상업의 원칙은 좋은 습관, 고객에 대한 애정, 노력, 차별화, 최선, 감정의 절제, 긍정, 부가가치 창출, 실천, 믿음이다. 성과의 이면에는 노력과 인내가 있다. 성과를 운으로, 타고난 것으로 보는 태도는 노력과 인내의 가치를 낮춘다. 원칙에 집중하는 것보다 새로운 스킬, 테크닉, 비법, (실제로 존재하지 않는) 마법 주문을 찾는 편이 쉽게 느껴진다.

100개의 콩을 자갈밭에 뿌렸는데, 2개의 싹이 났다. 역시 될 놈은 된다. 동일한 콩을 기름진 땅에 뿌렸는데, 98개의 싹이 났다. 안 될 놈은 안 된다. 싹이 개인이라면 밭은 사회다. 100개의 콩을 뿌려 다른 결과가 나왔다면 토양의 문제도 있다. 개인의 수행만 강조하지 말고 살기 좋은 사회를 만드는 것도 중요한 일이다. 한편으로는 토양과 상관없이 개인이 성과를 낼 수 있는 소양과 역량을 갖추도록 지원하는 것도 조직이 해야 할 사회적 역할 중 하나일 것이다.

'수신제가치국평천하修身齊家治國平天下'는 스스로를 수련한 사람만이 집안을 평안케 하고 나라를 운영하며 천하를 편안하게 할 수 있다는 뜻이다. 그런데 실은 '수신'하기 전에 먼저 필요한 네 가지 덕목이 있다. '격물치지성의정심格物致知誠意正心'이다. 이 네 가지를 포함한 것이 『대학大學』에서 말하는 8조목이다. '격물'은 현상의 이치를 알기 위해 다가가는 것, '치지'는 그 이치를 꿰뚫어 통달하는 것, '성의'는 뜻을 성실하고 진실되게 가지는 것, '정심'은 그 결과로 마음을 바르게 하는 것이다. 이것이 가능해야 수신, 제가, 치국, 평천하가 가능하다는 것이다. 결국은 바른 태도를 갖추는 것이 성과의 지름길이다.

......

관리자는 낙관주의자

관리자는 어떤 면에서 진정한 낙관주의자다. 조직원 중 아무도 하려고 하지 않는 일을 골라서 도전하기 때문이다. 모두가 아니라고 할 때도 그들을 설득하고 움직이도록 만드는 것이 관리자의 역할이다. 관점perspective은 정말 중요한데, 사람의 행동은 생각을 따르기 때문이다. 뇌의 프로그래밍, 생각이 현실을 만든다는 것이다. 인디언 속담에는 1만 번 말로 반복하면 이루어진다는 말이 있다. 1903년 12월 17일 윌버 라이트Wilbur Wright와 오빌 라이트Orville Wright 형제는 인간이 하늘을 날 수 있다는 공상—불가능으로 여겨졌던—을 현실로 만들었다. 그 덕에 오늘날 평범한 사람도 비행기를 타고 세계를 누빌 수 있게 되었다.

회사에서 기존의 자동차 구매 고객들을 대상으로 서비스 캠페인 기획을 하던 때의 일이다. 기존 고객이 서비스를 받기 위해 자동차를 입고하면 신차 재구매를 유도하자고 의견을 나누었다. 그런데 어떤 직원이 그 캠페인은 실패할 것이라고 단언했다.

첫 번째 이유는 우리 차는 내구성이 좋아 오래 탄다는 것이었다. 오래 타면 중고차 가격이 좋지 않고 매각해도 돈이 남지 않는다. 신차를 사려면 추가 지출이 필요하다. 따라서 고객들이 신차로 갈아탈 리 없다는 것이다.

그러자 누군가가 시간이 지나면 중고차 가격이 더 떨어질 텐데, 지금이라도 차량 교체를 권유하는 것이 맞다고 말했다.

반박을 당하니 그 직원은 두 번째 이유를 댔다. 주행거리가 짧은 고객들에게 신차로 교체를 권유하면 실패한다는 것이다. 우리는 주행거리가 짧은 고객이 많다. 아직 새 차라고 느끼기 때문에 신차로 갈아탈 리가 없다고 했다. 그러자 누군가가 주행거리가 짧은 차는 중고차 시장에서 인기가 높아 가격을 많이 받을 수 있으니 신차를 제안할 좋은 기회가 아니냐고 반박했다.

그 직원은 세 번째 이유를 댔다. 고객에게는 다양한 선택권이 있다는 것이다. 재구매를 권유해도 한 번 탔던 브랜드를 다시 이용할 리 없다고 했다. 그러자 누군가가 그 직원에게 좋아하는 여배우가 있냐고 물었다. 그 직원은 있다고 대답했고 다음 생에 그 여배우와 결혼하고 싶냐고 물었더니 당연히 하고 싶다고 했다. 그렇다면 현재 차량에 만족도가 높은 고객은 같은 브랜드를 또 선택할 수 있지 않겠느냐, 시도라도 해보는 것이 좋지 않겠느냐고 하니 부정적인 직원은 결국 입을 다물었다.

직원 입장에서 고객에게 재구매 권유 따위는 해도 그만, 안 해도 그만이다. 그러나 권유해보고 성사되면 그것은 '덤으로' 생기는 수익이다. 추가 거래는 회사에도 좋고 직원에게도 좋으며 고객이 만족하면 고객에게도 좋은 것이다. 상호 이익이다.

현실에서 어떤 직원들은 안 되는 이유만 찾는다. 거래 관계를 확장하고 성과를 높이려는 관리자는 너무나 당연하게도 낙관주의자가 될 필요가 있다. 조직이 성과를 높이려면 관리자와 직원들에게 낙관적 태도를 전염시켜야 하는 것은 당연하다.

말만 가지고 음식을 썩게 할 수도, 썩지 않게 할 수도 있다. 사회 과학자로서 비과학적이라는 비판을 감내하고 다음 이야기를 공유한다. 어느 강연에서 말의 힘에 대한 이야기를 듣고 실험을 따라 했다. 요지는 무생물에도 긍정과 부정 에너지가 전달된다는 것이었다. 실험 방법은 간단했다. 즉 석밥 2개를 사서 침이 튀지 않도록 밀봉 용기에 담고 한쪽에는 아침저녁으로 5분씩 욕을 한다. 또 다른 한쪽에는 사랑한다고 말해준다. 밥이 서로의 말을 듣지 못하도록 창문이 없는 동일한 회의실에 각각 배치한다. 습도나 빛에 대한 노출이 달라지지 않도록 같은 장소에 보관한다.

처음 며칠은 큰 변화가 없었다. 1주일이 되던 날 욕을 먹은 밥에서 곰팡이가 아주 작게 올라왔다. 2주째 지속하자 욕을 먹은 밥은 연탄처럼 완전히 까맣게 썩었다. 물론 사랑한다고 말한 밥은 전혀 썩지 않았다. 많은 사람들에게 밥 사진을 보여주니 믿지 않았다. 이야기를 들은 사람 중 1명은 아들과 함께 직접 실험해봤다며 2주일 후 썩은 밥 사진을 보내주었다.

이와 유사한 실험 사례들이 있지만 실험실 수준에서 변인들을 완벽히 통제한 상태에서 반복적으로 실시한 진지한 연구 결과는 찾지 못했으므로 이 현상이 과학적이라고 말하기는 어렵다. 그러나 인간의 언어와 행동이 상대에게 영향을 준다는 것은 확실하다. 관리자라면 억지로라도 긍정적인 말과 행동을 사용할 필요가 있다.

조선 시대 황희 정승의 검은 소와 누렁소 일화는 유명하다. 어느 날 황희 정승이 밭 옆을 지나가다 검은 소와 누렁소 중 누가 더 일을 잘하냐고 농부에게 물었다. 농부가 황희에게 다가와 귓속말로 누렁소가 일을 더 잘한다고 속삭였다. 황희가 뭐 그런 말을 굳이 귓속말로 하느냐고 하니 늙은 농부는 누렁소가 낫다고 하면 듣는 검은 소는 기분이 나쁘기 때문이라고

했다. 소에게도 감정이 있다. 긍정적인 언어 사용은 낙관주의 확산에 도움
이 된다.

긍정 프레임

직원 중에 간단한 질문에 장황하게 대답하는 사람이 있다면 높은 현상 유지 성향을 가진 사람이 아닌지 살펴보자. 그런 사람들이 새로운 일을 시작하려고 할 때 가장 먼저 하는 일이 '설명'이다. 지금 시도하려는 그 일이 얼마나 어려운지 주위에 어필하는 것이다. 경험적으로 이런 사람들은 성공을 기대하거나 열심히 하겠다고 말하는 경우가 드물다. 대신 정말 어렵다거나 실패할 거라고 말하는 성향이 있다.

이런 행동에는 많은 이유가 있겠지만 주요 원인 중 하나는 실패했을 때를 대비하는 것이다. 시작도 하기 전에 실패를 생각한다. 안 되는 사유를 미리 늘어놓으면 나중에 적절하게 실패의 핑계를 대기 용이하다. 실패에 대한 보험을 들고 환경 탓을 한다. 비판적인 사고를 적용해 플랜 B를 준비하는 사람과 부정적인 사람은 완전히 다르다.

장사로 성공하려면 장사를, 주식으로 성공하려면 주식시장을 긍정적으로 바라봐야 한다. 수퍼리치가 되려면 수퍼리치의 마인드셋을 따라 해야 한다. 게임의 승자가 되고 싶다면 게임의 일부가 되어야 한다. 부동산으로 성공하려면 규제와 투기에 대한 부정적 여론 속에서도 누군가는 성과를 낸다는 사실을 직면해야 한다. 레드오션, 포화 시장, 정체 시장에서도 성과를 내는 조직과 구성원이 있다. 따라서 어떤 시장을 선택할지에 에너지를 쏟기보다 '어떻게 거래할 것인가'에 집중해야 한다.

일전에 특정 대선 후보 자녀의 재산 보유 현황이 부정적 여론을 형성한 적이 있다. 자녀는 25세였는데, 1억 7천만 원의 예금을 신고했다. 실제로 합법적인 증여를 통해 형성된 재산이었다. 그러나 관련 기사마다 폭발적으로 부정적인 댓글이 달렸다. 합법적인 증여의 정당성을 의심하고 그들을 귀족으로 매도하는 댓글이 많았다.

'어떻게 하면'이 중요하다. 나도 자녀에게 저런 자산을 형성해줄 수 있을까? 계산기를 두드려보면 보통 사람들에게도 불가능한 일은 아니라는 결론에 이른다. 하루 담배 1갑을 피우는 애연가라면 하루에 드는 담뱃값이 약 4,500원이다. 금연을 결심하면 아끼는 돈은 1년에 1,642,500원이다. 25년간 지속하면 4천만 원이 넘는다. 애연가가 아니더라도 자녀를 위해 하루 4,500원은 만들 수 있다. 그 돈으로 매일 우량주를 1주씩 사주거나 아니면 적금에 든다. 어떤 방식이든 일관성을 가진다면 돈은 더 불어날 수 있다.

평범한 사람도 '작은 노력을 지속하기만 한다면' 25년 후 성인이 된 자녀에게 1억 7천만 원을 만들어주는 일은 불가능에서 '가능'하다로 바뀐다. 세간에 알려진 '72의 법칙'은 복리 메커니즘을 쉽게 설명해준다. 기대되는 연수익률로 72를 나누면 나오는 숫자가 원금이 2배로 불어나는 기간이다.

매년 8퍼센트의 수익을 낸다면 72÷8=9이므로, 9년이면 2배가 된다. 4천만 원을 일시 납입하면 9년 동안 2배, 또 9년이 지나면 원금의 4배다. 참고로 미국 주식의 과거 20년(2002~2021년, S&P500) 연평균 성장률은 8.9 퍼센트다. 물론 개인의 투자 역량이나 운이라는 요인도 존재하기 때문에

25년 후에 1억 7천만 원이 자녀의 주머니로 반드시 들어간다는 보장은 없다. 하지만 정치인 관련 뉴스를 보며 댓글을 달기보다 어떻게 자신의 현실로 만들 수 있을지 고민하는 것이 생산적이다. 정신분석학자 칼 융은 결과란 어떤 행동을 취하겠다고 한 '말'이 아니라 실제 '행동'에 의해서 얻어지는 것이라고 했다.

......

태도를 선택하라

추운 겨울, 집에 들어와 급히 난방을 켰다. 얼었던 몸이 녹기 시작했다. 이불을 덮고 따뜻한 기분에 잠이 들려는 순간 뭔가 이상하다는 생각이 들었다. 온도를 확인하니 황당하게 섭씨 16도였다. 난방 모드가 아니라 온수 전용 모드였다. 난방을 켰다고 생각했지만 보일러는 돌지 않았다. 당나라로 유학을 떠나려다 무덤에서 깨달음을 얻고 돌아온 원효대사가 생각났다. 그는 잠결에 해골에 고인 썩은 물을 맛있게 마셨다. 모르고 마셨을 때는 분명 달콤하고 시원했는데, 해골에 고인 물인 것을 알고는 온갖 추한 생각과 구역질이 났다.

심리학의 밝은 면에 집중하는 긍정 심리학 개념을 소개한 마틴 셀리그먼Martin Seligman은 낙관주의와 영업 직원 성과의 상관관계를 연구로 밝혔다. 미국의 생명보험사에서 근무하는 1,100명의 영업 직원을 대상으로 연구한 결과 영업 직원이 가진 낙관주의 태도는 성과와 높은 상관성을 보였다. 연구에 사용된 설문지는 영업 직원들의 '귀인 양식', 즉 개인이 성공이나 실패의 원인을 어떻게 해석하는지 알아보기 위해 준비되었다.

셀리그먼은 우울증 환자 대다수가 '학습된 무기력learned helplessness[6]'에서 고통을 겪는다는 사실을 알고 있었다. 사람이 부정적 사건을 경험할 때 사건을 해석하는 방식은 행동에 영향을 미친다. 우울증 환자는 지갑을 잃어버리면 스스로를 자책하며 자신을 우울 상태에 두려는 경향이 있고, 낙천적인 사람은 같은 사건을 일회성 사건으로 대수롭지 않게 생각한다.

설문의 답변 내용과 영업 결과를 분석한 결과, 낙관성이 높은 집단이 그렇지 않은 집단보다 37퍼센트 높은 거래 실적을 보였다. 상위 10퍼센트 그룹은 하위 10퍼센트 그룹보다 88퍼센트나 성과가 뛰어났다. 결론적으로 성과와 영업력, 긍정적 태도 사이에는 상관관계가 있다. 긍정적인 태도를 유지하면 성과를 낼 확률이 높다.

고객과의 교환관계에서 문제가 생겼을 때 회복탄력성이 높은 직원은 평정심을 회복하고 문제를 중립적으로 바라본다. 반면, 비관주의자는 개별 이벤트에 민감하며 학습된 무기력 상태에 빠지거나 업무 동기를 잃기 쉽다. 관리자라면 직원들에게 적대적이지 않은 좋은 고객도 많다는 사실을 이해시키고 제3자의 관점에서 직원이 스스로를 바라볼 수 있는 계기와 피드백을 제공해야 한다. 예를 들면 고객과의 상담을 영상으로 찍거나 녹음해서 다시 들어보도록 할 수 있다.

긍정적인 자아상을 만들기 위해 노력하는 사람들이 있다. L 부장은 고객 현장에서 산전수전을 다 겪은 베테랑으로, 회복탄력성이 뛰어나다. 고객의 거절은 그에게 상처를 주지 못한다. 어느 날 그가 사무실에서 고객과

---

6 자신이 통제하지 못하는 부정적 사건에 대한 무기력한 심리 상태다.

전화를 하고 있었다. 수화기 넘어 화난 고객의 목소리가 다른 직원들에게도 들렸다. 그는 시종일관 웃으며 "네…, 네…"를 반복할 뿐이었다. 고객은 아직도 소리치고 있는데, 그는 씩 웃으며 즐거운 하루 되시고 다시 전화 올리겠다며 통화를 끊었다.

후배가 걱정스러운 표정으로 무슨 일이냐고 묻자 그는 "귀찮다고 전화하지 말래. 거절의 미학이지!"라고 답했다. 황당한 표정의 후배에게 이어서 말했다. "괜찮아. 어차피 살 거야." 이 정도면 긍정의 신이다. 부가적인 설명에 따르면 고객은 어차피 자동차를 살 건데, 아직 브랜드만 결정하지 않은 상태였다. 그래서 계속 연락하는 것이다. 어차피 살 것이므로 혹시 나에게 살지도 모르지 않는가!

억지로 긍정적인 상태가 되는 것은 가능하다고 알려져 있다. 심리 상태가 인간의 행동에 영향을 준다는 일반적인 견해와 달리, 최근의 연구에서는 행동 변인이 심리 상태에도 영향을 준다는 결과가 있다. '가역성의 법칙 Law of Reversibility'이란 특정 행동이 특정 심리 상태 형성에 영향을 주는 것이다. 찰스 슐츠Charles Schulz의 만화 「피너츠Peanuts」 주인공인 찰리 브라운은 고개를 숙인 채 땅을 쳐다보며 우울한 기분을 만드는 자세에 대해 설명한다. 찰리는 고개를 높이 들면 기분이 좋아져버리기 때문에 자세에 주의해야 한다고 부연한다.

우울할 때 콧노래를 부르거나 즐겁지 않음에도 억지로 춤을 추는 행동도 같은 맥락이다. 강제로 손을 하늘로 뻗고 파워 포즈를 취하라는 동기부여 강사나 팀 분위기가 왜 이러냐며 억지로라도 파이팅 한 번 하자는 최 부장의 행동에는 이유가 있었다. "전생에 당신은 나폴레옹이었던 것이 확실합니다"라는 한마디 격려를 실제로 믿고 성공한 사업가로 변신한 부랑자의 일화도 전해진다. 거래 성과는 사람의 태도에 많은 영향을 받는다.

……

긍정으로 존중을 얻어라

일본 도쿄 긴자 한 켠의 낡은 건물 지하에 '스키야바시 지로すきやばし 次郎'라는 작은 초밥집이 있다. 좁은 실내에 좌석은 10개이고 화장실도 밖에 있다. 그러나 최소 1개월 전에 예약해야 하고 1인당 비용은 3만 엔(약 30만 원)이다. 고객에게는 선택권이 없고 오마카세おまかせ[7]뿐이며 먹는 데 15분 정도 소요된다. 이 식당은 세계적으로 유명하다. 전 세계의 레스토랑을 평가하는 「미쉐린 가이드Michelin Guide」는 가장 높은 등급인 별 3개를 주었다. 이 식당에 가기 위해 비행기를 탈 가치가 있다는 의미다.

초밥 장인 오노 지로小野 二郎는 평생 초밥에 매달렸다. 그는 직업을 결정했다면 몰두해야 한다고 조언한다. 일을 좋아하려고 노력하며 이 평계 저 평계 대지 말라고 한다. 스킬은 평생 연마해야 하며 그것이 직업적으로 성공하고 존경받는 유일한 비결이라고 강조한다. 초밥 장인이 할 일은 초밥에 얹을 최고의 재료를 구하는 것이지 돈 벌 걱정을 하는 것이 아니다. 같은 일을 75년간 반복하면 조금씩 발전한다. 정상이 어디인지는 모른다. 지속적으로 높은 평가를 받는다는 것은 분명 어려운 일이다. 찾아오는 고객을 반드시 만족시킨다는 태도가 중요하며 태도는 능력을 결정한다. 태도

---

[7] 주방장 특선 메뉴로, 주는 대로 먹는 것을 말한다.

를 결정하지 못하면 지식과 스킬로 이어지지 않는다.

경영 저술가 존 데이비드 만John D. Mann은 프리미엄 자동차를 구입하기 위해 다양한 브랜드의 전시장을 돌았다. 그는 독일의 B사 전시장을 몇 번 방문했는데, 갈 때마다 같은 직원의 응대를 받았다. 그런데 직원은 매번 그를 기억하지 못했다. 마지막 방문 때는 시승을 했는데, 직원은 제대로 답변을 하지 못했고 고객의 궁금증은 풀리지 않았다. 그는 직원으로부터 기대했던 가치를 얻지 못했다.

그가 두 번째로 일본의 L사 전시장에 전화하니 직원은 어떤 부분에 가치를 두느냐는 현명한 질문으로 대화를 시작했다. 독일의 B사와 M사, 일본의 L사를 생각 중이라고 하자 직원은 모두 훌륭한 선택이라고 칭찬했지만 자신이 좋아하는 브랜드는 L사이므로 자긍심을 가지고 일한다고 말했다.

그가 마지막으로 전화한 곳은 독일의 M사였는데, 관심 있는 브랜드를 말하자 직원은 신음 소리와 함께 콧방귀를 뀌었다. 그리고 그에게 경쟁사를 선택하면 안 되는 이유를 강의했다. 전시장을 나오면서 그는 어떤 브랜드를 선택해야 할지 확신이 섰다. 확신의 결정적인 요인은 직원의 태도였다. 모든 거래에서 상품과 서비스의 가치는 그것을 전달하는 직원의 태도로부터 영향을 받는다. 브라이언 트레이시는 태도의 중요성을 다음의 공식으로 표현했다.

$$IHP = (IA + AA) \times A^8$$

잠재적 직원 성과 = (선천적 자질 + 후천적 자질) × 태도

8 Individual Human Potential; IHP, Inborn Attribute; IA, Acquired Attribute; AA, Attitude; A

성과에는 선천적 자질과 후천적 자질 모두 영향을 준다. 하지만 자질의 영향은 덧셈으로 표현된다. 태도는 자질에 대한 곱셈이다. 즉, 태도가 제로라면 아무리 자질이 뛰어나도 성과는 제로다. 타고난 재능, 후천적 역량에도 불구하고 태도를 갖추지 못하면 성과로 연결되기 어렵다.

| 04 |

거래 3요인과 인간력

무엇이 거래를 정의하는가? 첫째는 고객에게 전달되는 '상품(재화 혹은 서비스)'이다. 상품에는 가치가 있어야 한다. 가치 없는 상품이라면 거래가 성립되지 않는다. 유행이 지나서 입지 않는 옷을 남에게 주려고 하면 받는 쪽에서도 반기지 않는다. 남의 눈에도 유행이 지난 것으로 보이기 때문이다. 억지로 주면 인간관계가 끊어질 수도 있다. 가치는 제로가 아닌 마이너스가 될 수 있다. 따라서 고객에게 플러스 가치가 있는 것만 상품이라고 부를 수 있다.

둘째는 '돈'이다. 거래에서는 가치를 가진 상품을 주고 돈을 받는다. 돈은 가치와 교환된다. 여기서 돈을 실제 가치 교환 수단인 물리적 화폐(혹은 대용물)뿐 아니라 돈과 관련된 판매 조건, 가격 할인, 고객의 가용 예산 등을 포함하는 넓은 개념으로 정의한다.

마지막으로 거래와 교환관계의 주역인 '사람(직원)'이다. 흔히 상품과 돈이 거래의 전부인 것처럼 생각하지만 거래를 일으키는 것은 주는 사람과 받는 사람, 설득하는 사람과 납득하는 사람이다.

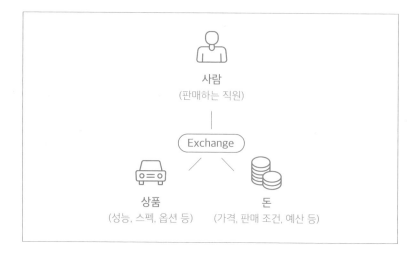

......

인간력

보험은 직접 보거나 만지거나 보관할 수 없는 가장 비싼 상품에 속하며 아이디어이자 신뢰이고 약속이다. 이런 무형의 상품은 특성상 담당 직원이 가장 중요한 거래 결정 요인이 된다. 직원은 고객에게 회사와 상품에 대한 인상을 정하는 전부다. 눈에 보이지 않는 것을 판매하는 경우 직원 자신이 거래 대상물이다. 때문에 인간력人間力이 중요하다.

경영 컨설턴트 시바타 마사하루柴田 昌治는 상대방을 자신의 편으로 만들기 위해 인간력이 중요하다고 주장한다. 중요한 것은 사람이다. 인간력은 미래와 인생을 좌우하는 핵심 요인이다. 눈앞의 이익에 연연하지 말고 사람을 자산으로 삼으며 자신 편이 될 수 있는 사람들과 관계를 설정해야 한다. 개인에게 실력(역량)이 있는 것만으로 성공할 수 없다. 그가 정의하는 인간력은 일에 대한 열정, 관계 조정 능력 등을 포함하는 개념이다. 개인은 실력과 인간력을 '양수겸장ambidextrous', 즉 동시에 갖추어야 리더가 될 수 있다고 한다.

조직이 지속적 경쟁 우위sustained competitive advantage를 유지하려면 인간력을 갖춘 인적자원이 중요하다. 비즈니스에서 가장 중요한 것은 상품이 아닌 고객이다. 경영에서 지속 가능성을 위해 가장 중요한 것이 회사와 고객의 관계 설정이다. 거래에서 선택을 받을 수 있어야 조직에서 하는 일이 존재 의미를 가진다. 그래야 구성원의 생존과 지속 발전이 가능하다.

......

인간력을 조직의 태도로

관리자가 고객 중심 조직을 구축하려면 직원들이 인간력을 갖추도록 도움을 주어야 한다. 자동차 비즈니스를 예로 들면 고객이 자동차를 거래하는 과정에는 앞서 설명한 거래 3요인이 영향을 준다.

1. 상품 – 자동차
2. 돈 – 할인 조건에 영향을 받는 상품 가격
3. 사람 – 판매 전시장의 직원 등 human factor

세 가지의 요인이 복합적으로 작용해 거래로 이어진다. 첫째, 상품 측면에서는 고객에게 판매하려는 상품 자체에 매력이 존재해야 한다. 자동차의 퍼포먼스, 연비, 디자인, 승차감 등 상품의 물리적 특성이 여기에 해당한다. 둘째, 돈 측면에서는 할인 조건이 중요하다. 상품이 아무리 뛰어나도 고객은 가격을 생각한다. 상품 가격은 고객 구매 의사에 영향을 미치며 메이커가 제공하는 공식 할인, 전시장에서 제공하는 추가 할인, 그 외 부수적으로 제공되는 기타 혜택도 구매에 영향을 준다. 셋째, 사람, 즉 전시장과 직원 측면이다. 상품이 가격과 부가가치를 지닌 채 고객과 접촉하는 장소와 직원이 해당된다. 동선이 쾌적하고 편리한지, 다른 곳에는 없는 차별화된 서비스가 있는지, 직원은 친절하게 응대하는지 여부도 구매에 영향을 준다.

이처럼 다양한 요소가 동시에 영향을 준다. 그럼에도 현장 직원들은 상품과 돈에 집착하는 경우가 많으며 사람 요인의 차이를 잘 인정하지 않는다. 경쟁사 신차의 스펙이 훨씬 좋다, 경쟁사의 할인 조건이 높다고만 생각하면 이길 방법이 없다.

경쟁사의 거래 3요인 점수를 매겨보자. 첫째, 경쟁사의 상품은 높은 상품성을 가졌다. 디자인이 멋지고 성능이 좋다. 고객이 매긴 상품 점수는 300점이다. 둘째, 돈이다. 인기 모델로, 대기 수요가 많고 할인은 별로 없다. 할인 메리트가 없으므로 0점이다. 셋째, 사람이다. 경쟁사는 방문 고객이 많고 바쁘다. 늘 응대 인원이 부족해 고객이 기다린다. 서비스가 별로라서 0점이다. 경쟁사의 거래 점수는 '상품(300)+돈(0)+사람(0)=300점'이다.

이번에는 우리 조직의 거래 3요인 점수다. 첫째, 우리 상품은 고장이 없고 신뢰성이 높아 수요가 꾸준하다. 상품 개성은 다소 떨어진다. 고객이 매긴 상품 점수는 50점이다. 둘째, 인기가 다소 떨어지는 상품이라 소정의 할인을 제공한다. 30점이다. 셋째, 우리 전시장과 직원은 우수한 고객 서비스에 강점이 있다. 전시장은 상대적으로 한산하고 빨리 서비스를 받을 수 있다. 고객 만족도는 업계 1위이고 점수는 200점이다. 합산된 거래 점수는 '상품(50)+돈(30)+사람(200)=280점'이다. 이것이 종합적인 고객의 평가다. 아쉽지만 결과적으로는 경쟁사에 20점 차이로 거래를 빼앗겼다.

[도표 3-2] 거래 요인별 평가

고객은 어떻게 구입할까?

| 경쟁사 | 상품 (300) | + | 돈 (0) | + | 사람 (0) | = | 합계 300점 | (승리) |
| 자사 | 상품 (50) | + | 돈 (30) | + | 사람 (200) | = | 합계 280점 | (패배) |

이런 상황에서 과연 경쟁에서 승리할 수 있을까? 상황을 역전시키려면 통제 가능 요인(본인이 바꿀 수 있는 것)과 통제 불가능 요인(본인이 바꿀 수 없는 것)을 구분해야 한다. 본인이 바꿀 수 없는 상품이나 돈에 집착하면 승부가 되지 않는다. 생각에서 지면 게임 종료다. 새로운 상품 개발을 본사에 요청한들 지금 될 리가 없다. 상품은 통제 불가능 요인이다.

다음으로 돈이다. 추가 할인이 가능할까? 고객이 만족할 때까지 깎아줄 수 있을까? 주어진 마진 범위를 벗어나지 않을까? 상품 가격을 낮추어달라고 본사에 요구할 수 있을까? 역시 통제 불가능 요인이다.

마지막으로 사람 요인에 인간력을 강화한다. 직원 응대와 전시장 서비스 수준은 노력으로 향상이 가능하다. 고객과 차량 정보, 사용 니즈를 구체적으로 파악하고 상품이 '고객에게 더 적합해 보이도록' 제안할 수 있다. 소위 '보이지 않았던' 상품의 가치를 '보이도록' 만드는 것인데, 이것은 통제 가능한 요인이다.

[도표 3-3] 통제 가능 요인과 불가능 요인

[도표 3-4]에서 보듯이 직원이 인간력을 발휘한 결과 50점에 그쳤던 상품은 고객에게 더 매력적으로 보이게 된다. 점수가 다소 향상되어 80점이 되었다. 이것으로 자사의 거래 점수가 30점 향상되어 310점이 되었다. 경쟁사의 300점보다 높아 승리했다. 인간력이 상품을 더 좋아 보이게 만들었고 작은 차이가 고객의 구매에 대한 판단을 바꿨다.

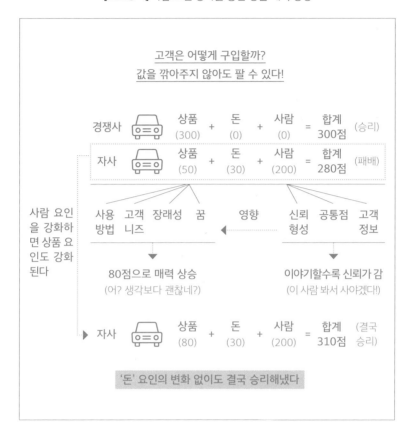

상품은 바꿀 수 없다. 제공 가능한 할인 혜택은 여전히 제한적이다. 하지만 사람 요인은 향상될 수 있다. 사람들은 아는 것이라도 실행을 잘 하지 않는다. 스티븐 호킹Stephen W. Hawking은 지식의 진정한 적은 무지가 아니라 잘 모르는 것을 아는 척하는 것이라고 했다. 조직의 태도가 달라지면 많은 기회를 잡을 수 있다.

| 05 |
급여에 대한 생각

지금은 규모가 더 커졌지만 애플은 2018년 8월에 사상 최초로 시가총액 1조 달러 클럽에 가입했다. 한화로 1천조 원이 넘는다. 2명의 주역에게 포커스가 맞추어졌다. 스티브 잡스와 팀 쿡Tim Cook이다. 잡스는 비전 제시를 통해 기술 혁신을 이루어냈고 쿡은 제조와 판매 방식을 개편하면서 애플의 고도성장 시대를 열었다. 팀 쿡 CEO는 시총 1조 달러는 중요한 이정표임에 틀림없지만 숫자는 혁신의 결과일 뿐이라고 간단히 소회를 전했다.

원대한 목적을 추구하니 돈이 따라왔다는 말이다. 세계 1위 자동차 메이커 도요타의 토요다 아키오豊田 章男 사장 역시 36만 명의 조직원들에게 고객 감동을 추구하면 이익이 자연히 따라온다고 설파해왔다. 돈을 추구하면 돈을 벌 수 없다는 역설도 강조했다. 급여는 일에 대한 보상이다. 급여 역시 고객과의 거래에 최선을 다한 결과다.

공직 사회에서 문제가 생기면 여론이 부정적으로 변한다. 공무원이 국민에게 봉사한다는 본분을 망각했다고 생각하기 때문이다. 공무원의 급여는 국민이 준다. 세금 도둑이라고 부른다. 세금으로 주는 급여가 아깝다는 것이다. 일반 기업이라면 직원 급여는 고객이 준다. 공무원의 상황에 대입하면 직원은 고객에게 봉사하기 위해 존재한다. 이런 생각이 고객과의 관계를 강화하고 거래를 이끌어낼 직원들에게 필요한 태도를 만든다.

......

디즈니랜드가 생각하는 급여

월트 디즈니Walt Disney는 어린이들에게 꿈과 희망을 심어주는 것을 사명으로 정하고 디즈니랜드 직원에게 높은 수준의 행동을 요구했다. 디즈니랜드의 고객 감동 마인드는 "고객과 사귄다"는 말로 잘 알려져 있다.

96퍼센트에 달하는 압도적인 재방문율로 유명한 곳이 도쿄 디즈니랜드다. 그들은 스스로를 접객업接客業, hospitality service 종사자로 정의하고 몇 가지 개념을 제안한다. 직원은 무대 위 등장인물을 뜻하는 '캐스트cast', 고객은 '게스트guest', 과업은 '쇼show'라고 불린다. 근무 장소는 '로케이션location'이다. 특화된 용어는 구성원들에게 접객에 필요한 태도를 인지시켜준다. 그들의 존재 목적은 '고객 행복happiness 추구'다. 매출, 이익 증대, 최적화 등과 같은 말은 상대적으로 덜 사용된다.

직원 평가를 위한 'SCSE' 프레임워크는 Safety안전, Courtesy예절, Show공연, Efficiency효율 요소를 반영한 것으로, 고객에 대한 감동 전달 여부를 평가한다. 게스트의 안전을 위해서 캐스트가 먼저 신경 쓴다. 맞춤형으로 마음을 예절로 표현하기 위해서 인사, 스마일, 적절한 언어, 시선 맞추기, 네 가지 행동 원칙을 둔다. 눈에 보이는 모든 상황은 쇼이며 언제나 '초연初演'이다. 마지막으로 효율화를 통해 성과 향상을 추구한다.

이렇게 구성원들이 고객 중심 태도를 가지도록 하는 것이 관리자의 일이고 조직의 일이다. '응대service'가 아니라 고객을 '환대hospitality'하는 것이 핵심이다. 고객은 오고 싶으면 다시 온다. 다시 오고 싶은 곳으로 만들려면 직원의 태도가 중요하다. 고객 지향적인 직원을 만드는 것이 디즈니 정신이다. 신중한 직원 채용 과정을 거쳐 교육 훈련 과정에서 다시 태도를 확인한다. 직원을 통해 기업 철학이 전달되지 않으면 고객과의 거래는 성립되지 않는다. 고객을 중요시하는 태도와 그에 합당한 행동은 조직의 능력이다.

월트 디즈니는 직원에게 지급하는 급여는 고객에 대한 봉사의 대가라고 말했다. 디즈니랜드에서는 고객 만족과 감동을 정사원이 아닌 아르바이트나 비정규 사원이 실현한다. 보수의 높고 낮음이 전부가 아님을 보여주는 사례다.

고객과의 거래에 긍정적인 믿음을 가졌다면 태도를 강화시킬 수 있다. '피그말리온효과Pygmalion Effect'는 자신에 대한 사람들의 믿음이나 기대가 실현되는 현상을 가리킨다. 그리스 신화에 나오는 키프로스의 왕 피그말리온은 여성 혐오증 때문에 독신으로 살기로 한다. 그러나 외로움에 지쳐 세상에 없는 완벽한 여성 갈라테이아를 조각한 후 살아있는 여인처럼 옷과 장신구를 걸쳐주고 사랑해준다.

일방적 사랑에 지친 피그말리온은 아프로디테 여신에게 이 여인을 아내로 맞게 해달라고 기원하는데, 감동한 여신이 조각상을 사람으로 만들어준다. 즉, 피그말리온효과는 상대에게 긍정적인 결과를 기대하면 그 사람이 행동으로 부응해 기대했던 결과가 실현되는 현상을 말한다.

이런 현상은 '로젠탈효과Rosenthal Effect'라고도 불린다. 하버드대학교 Harvard University 사회심리학과 교수 로버트 로젠탈Robert Rosenthal은 실험을 했다. 선생님에게 평범한 아이들을 맡기면서 IQ가 높은 영재들이라 알려준 후 일정 기간이 지나 학업 성취도를 다른 반과 비교해봤다. 우수반의 선생님은 자신이 맡은 학생들을 영재라고 믿고 최선을 다해 교육했다. 결론적으로, 평범했던 아이들의 학업 성과는 다른 반에 비해 향상되었다. 로젠탈의 연구 역시 긍정적 기대가 향상된 성과로 연결된다는 것을 검증한 것이다. 상대에 대한 믿음과 기대의 정도에 따라 얻는 결과가 달라진다.

이는 경영자와 관리자들이 직원에게 긍정적인 기대를 가져야 하는 이유다. 그리고 직원들이 고객과의 거래 관계에서 긍정적인 기대를 해야 하는 이유다. 직원이 상대에게 긍정적인 거래 결과를 기대하고 노력하면 상대 역시 직원에게 가진 긍정적 믿음이 강화된다. 그 결과 상대는 직원에게 호의를 베풀거나 호감을 가지게 되고 이런 반응에서 확신을 가진 직원의 긍정적 믿음은 강화된다.

이처럼 직원들은 긍정적인 기대를 통한 선순환과 강화reinforcement를 경험한다. 좋은 행동은 더욱 강화되고 고객으로부터 더 높은 신뢰를 얻는다. 직원이 가지는 태도가 실제 행동 강화에 영향을 주기 때문에 태도는 성과의 토대가 된다.

| 06 |

기브 앤 테이크

받는 사람보다는 주는 사람이 행복을 얻는다. 달라이 라마Dalai Lama는 세상에서 가장 위대한 종교가 친절이라고 했다. 감사의 말 한마디가 상대에게 큰 반향을 남기기도 한다. 천 냥 빚도 말 한마디로 갚는다. 그러나 정작 호의를 먼저 제공하기란 어렵다. 먼저 주면 손해인 것 같다. 상호 이익이 중요하지만 그래도 자신의 이익이 먼저다.

그러나 거래를 확장하고 성과를 높이려면 주는 일에 초점을 맞추어야 한다. 거래 상대도 나에게 받아낼 것부터 생각한다. 그렇다면 결국 이쪽에서 먼저 주는 수밖에 없다. 주는 것에서 받을 준비가 시작되는 것이다.

러시아 연해주 일대에 근거지를 둔 소수민족 우데게이족 사냥꾼은 대자연의 설원에서 수십 킬로미터를 헤맨 후 노루를 잡아 마을 어린이와 노인들에게 나누어준다. 그들은 약자와 이웃을 도와 커뮤니티를 지탱한다. 20세기 초 러시아 인류학자인 블라디미르 아르세니예프Vladimir Klavdiyevich Arsenyev는 우데게이족 노인과 함께 사냥을 나갔는데, 노인은 그가 사슴을 쏘려고 할 때마다 큰 소리를 질렀다. 화가 난 그가 따졌더니 노인은 가만히 있는 동물을 잡기 위한 최소한의 도리라고 말했다. 호랑이도 소리를 낸 후에 먹이를 덮친다. 받으려 하기 전에 최소한의 배려를 해주어야 정당한 결과를 기대할 수 있다는 의미다.

직장에 헌신하지 말고 퇴사하라는 주장이 인기를 끌고, 인생을 즐기고 남보다 자신을 소중히 여기라는 조언이 먹히는 시대다. YOLO You Only Live Once 트렌드도 시대의 산물이다. 한 번 살기 때문에 자신이 중요하다는 관점은 타당하다. 그러나 거꾸로 보면 한 번 사는 만큼 작은 거래나 관계도 소중히 해야 한다. 10만 년의 호모 사피엔스 역사에서 인간은 '뭉쳤기 때문에' 생존했다. 사회성과 관계성 덕분에 주어진 언어가 발달했고 지능이 높아졌으며 슬기롭게 번성했다. 사회적 지능은 그래서 중요하다.

'축록자불견산, 확금자불견인逐鹿者不見山, 攫金者不見人'은 중국 남송시대의 선승 허당虛堂의 경구다. '사슴을 쫓는 자는 산을 보지 못하고 돈을 추구하는 자는 사람을 보지 못한다'라는 뜻이다. 제나라 사람이 금 거래소에서 금을 훔치다 붙잡혔는데, 왜 훔쳤는지 물으니 주위에 사람이 보이지 않았고 오로지 금만 보였다고 한다. 맹목적인 이익 추구는 인간을 둔감하게 만든다.

......

대야의 물

일본 히가시오사카에 위치한 중소기업 하드록공업 Hardlock은 기술로 세계의 선택을 받은 강소 기업이다. 2002년 5월 10일 영국 런던에서 북쪽으로 약 20킬로미터 떨어진 하트퍼드셔의 포터스바 역내로 진입하던 4칸짜리 열차가 선로를 이탈하는 사고가 있었다. 7명이 숨지고 80여 명이 부상을 입은 큰 사고였는데, 원인은 선로와 레일에 사용된 작은 볼트와 너트였다.

이 회사의 주력 상품이 절대 풀리지 않는 볼트와 너트다. 지름 2~3센티미터 크기로, 판매 가격은 100엔 수준이다. 쐐기 개념을 적용해 한 번 체결되면 풀리지 않는다. 영국 철도 당국은 사고 이후 모든 볼트와 너트를 이회사 제품으로 교체했다. 일본 신칸센을 비롯해 전 세계 주요 고속철도, 도쿄의 스카이라인을 장식하는 스카이트리 등의 랜드마크 역시 그들의 고객이다. 작은 제품이지만 신뢰는 크다. 저가의 중국산 제품들이 시장에 뛰어들었지만 경쟁이 되지 못했다.

품질이 뛰어난 것은 당연하고 회사의 생각은 더 놀랍다. 사장은 직원들에게 회사는 사회를 위한 도장道場이라고 강조하며 철저하게 회사의 철학과 방침을 공유한다. 어떤 상황에도 고객의 안전을 최우선으로 지키며 '안전이 힘이다safety is power'를 강조한다. 지속 가능성으로 100년 기업을 추구하고 100년 기업이 되려면 반드시 이익을 창출할 수 있어야 한다. 회사의 진심이 고객에게 전달되면 이익으로 돌아온다는 구성원들의 믿음이 있어야 지속적으로 활동할 수 있다.

이 회사에서는 직원 교육을 위해 '대야의 물'이라는 개념을 강조한다. 대야 안에 물을 가득 채운 후 한가운데 두 손을 넣어 내 쪽으로 당기면 물은 잠시 내 쪽을 향한다. 그러나 내 쪽 벽에 부딪힌 물살은 원호를 그리며 벽을 타고 바깥쪽으로 되돌아간다. 여러 번 반복해도 물은 계속 튕겨 나가고 누구도 물을 잡아둘 수 없다.

그렇다면 물을 내 쪽으로 당기는 방법은 무엇일까? 반대로 하면 된다. 물을 나를 향해 당기지 말고 바깥쪽으로 밀어낸다. 위쪽 벽에 부딪힌 물은 원호를 그리며 벽을 타고 나에게 돌아온다. 밀어낼수록 돌아온다. 이것이 의미하는 것이 고객과의 거래 관계가 가진 미묘한 특성이다. '줄수록' 얻고 '얻으려 할수록' 잃는다.

회사의 제품 보증기간은 얼마나 될까? 100년이다. 그만큼 고객의 안전을 보증하겠다는 선언적 표현이다. 품질에 대한 자신감을 넘어서는 대단한 약속이다. 펜실베니아대학교 와튼스쿨The Wharton School of the University of Pennsylvania 조직심리학과 교수 애덤 그랜트Adam Grant는 저서 『기브 앤 테이크Give and Take』에서 지식, 스킬, 운을 넘어서는 '양보'의 힘을 강조했다. "제가 도와드릴 만한 것이 있을까요?"라고 먼저 묻는 것만으로 경쟁 우위를 가질 수 있다. 역설적으로 테이크 앤 기브, 즉 받으면 주겠다고 생각하는 사람은 결과를 얻기 힘들다. 빌 게이츠Bill Gates 역시 주는 것에 신경을 쓰라고 조언했다. 상대보다 먼저 주되 받을 것에 대한 기대를 갖지 않으면 도움 행동을 할 수 있다는 것이다.

[도표 3-5] 대야의 물

| 07 |
관계 자산과 태도

1천 원짜리도 만든다

남들이 무시하는 시장에도 기회가 있다. 기계 공구인 프레스 금형 부품과 펀치를 제조하는 어느 기업에 이런 표어가 붙어있다. "고객이 주문하면 무조건 이틀 안에 만든다. 1개도 만든다. 1개에 1천 원이든 10만 원이든 만든다." 회사의 운영 방침 중 이런 것도 있다. "1천 원짜리를 못 만들면 10만 원짜리 주문도 안 들어온다."

사장은 작은 기업이 대기업과 경쟁하는 것이 어려운 만큼 숨겨진 시장을 찾아 고객의 니즈를 충족시켜야 한다고 말한다. 그러나 가격으로는 승부하지 않는다. 싸게 만드는 것은 누구나 한다. 쉽게 해외로 공장을 옮기는 방식으로는 오래 못 간다.

"중요한 것은 니즈에 기반한 관계입니다. 관계는 곧 회사의 자산입니다. 고객에게는 펀치 1개가 필요할 때가 있습니다. 1개만 있으면 되는데, 그렇게는 살 수 없고 100개씩 사야 합니다. 우리는 그런 니즈도 맞춥니다. 1개를 생산해서 보내줍니다. 즉, 고객이 필요로 하는 것을 필요한 시점에 납품하는 것은 우리 회사밖에 없습니다. 개당 1천 원짜리도 만듭니다. 기계를 돌려 손으로 깎아 포장해서 보냅니다. 미국, 동남아, 유럽, 전 세계 어디든 보냅니다. 한 번 관계가 생기면 다음부터는 다른 곳에 물어보지도 않습니다. 우리 사정으로 먼저 고객에게 'NO'라고 하지 않습니다. 1개부터 5개짜리 오더가 회사 매출의 70~80퍼센트를 차지합니다. 저렴한 제품이 대부분이지만 지지 않는 기업을 지향합니다. 바로 맞출 수 있다는 신용과 믿음으로 승부합니다. 빠르고 싸고 좋은 물건으로 보답하는 것이 우리의 기본 사고입니다. 1천 원짜리는 안 팔려고 하면서 10만 원짜리는 팔려고 하는 회사가 많습니다. 거래에서 그런 관계는 지속되지 않습니다."

이 회사가 중소기업으로서 하지 않는 것은 세 가지다. 가격 경쟁, 규모 경쟁, 다품종 경쟁이다. 가격은 소모전으로 이어지고, 규모는 자신의 체력을 망각하게 하고, 다품종은 불필요한 재고로 이어질 가능성이 있다. 경쟁력 있는 조직은 남들과 다르게 일하고 고객 관계를 혁신한다. 지금의 가격이 아닌 신뢰를 관계 자산으로 삼는다.

......

일기일회

신뢰할 수 있는 관계는 훌륭한 사회적 자산이다. 중국인은 인간관계를 중요시하는데, 중국인의 '꽌시关系'란 사람 관계나 연줄이라는 뜻이다. '음수사원飮水思源'은 물을 마실 때 물의 근원을 생각한다는 뜻인데, 관계에서 뭔가 얻었다면 근원을 생각하고 은혜에 감사하라는 의미다. 관계 자산을 쌓으려면 음수사원의 정신이 필요하다. 음수사원의 반대말은 '배은망덕背恩忘德'이다.

어느 날 택시를 탔는데, 기사님이 최근 읽은 재미있는 책을 추천해달라고 하셨다. 당시 읽고 있던 축구 감독 조제 무리뉴Jose Mourinho의 자서전을 소개해주었다. 그는 메모를 한 후 자신이 읽고 있는 자기계발서를 추천해주었다. 이에 더해 자신의 정보를 공개했는데, 가끔 독서 정보나 공유하자며 명함을 먼저 건네면서 내 명함을 달라고 했다. 고수다. 이 기사님이 마음에 든 손님이라면 비즈니스 목적(택시 호출 등)으로 관계를 지속할 것이다.

성과가 뛰어난 사람은 '일기일회—期—會'의 기회를 놓치지 않는다. 커뮤니케이션에 다음 기회는 없다. 일기일회의 인연은 평생에 단 한 번뿐인 만남을 말한다. 만남을 소중히 하라는 의미다.

거래 기반은 고객이다. 관계 자산이다. 고성과자, 고성과 조직은 거래 자체가 아닌 관계를 추구한다. 국내에 최초로 정수기 렌탈 비즈니스 모델을 소개한 회사는 '물'이 아닌 물을 마시는 '사람'에 집중해 큰 성공을 거두었다. 물 마시는 사람을 위해서 물을 관리하는 사람을 직접 보낸다. 그리고 관계를 지속적으로 유지한다. 신뢰에 기반한 관계는 지속 가능한 비즈니스의 토대가 된다.

......

'업무'하지 말고 '일'할 것

어떤 중역은 부하들이 적당주의와 타협하려고 할 때 "업무하지 말고 일하라"라고 말해준다. 그에게는 업무와 일의 정의가 다르다. 직원의 수동적인 태도는 업무적인 것이고 능동적인 태도는 일이다. 고객이 찾지 않는 이유는 자신에게 있다. 거래가 실패한다면 조직의 책임이다. 원인은 외부가 아닌 내부에 있다. 그런 태도가 기반이 되어야 비즈니스가 성장한다.

어느 골프 클럽 피팅 장인은 작업한 골프채의 성능을 확인하기 위해 마지막에 직접 공을 쳐본다. 그리고 눈을 감고 몇 미터를 날아가는지 맞춘다. 공이 헤드에 맞는 소리만 듣고도 아는 것이다. 장인은 피팅 재료로 텅스텐 가루를 사용하는데, 1그램의 텅스텐 가루가 20~30미터의 차이를 만든다고 한다. 어떤 고객에게 단 1미터의 비거리가 늘어나는 것은 목숨만큼 중요한 일임을 알기에 장인은 1그램의 무게를 1톤처럼 느낀다.

2010년대 초반 미국에서 대규모 렉서스Lexus 리콜 사태가 터졌을 때 많은 고객들로부터 문의와 불만이 폭주해 현장 딜러의 업무는 마비될 지경이었다. 절망적인 상황에서 경영진은 관계가 멀어진 기존 고객들을 다시 만날 절호의 기회라며 직원들을 독려했다. 대부분의 고객들은 평소에 차량에 대한 불편을 느끼지 못한 사람들이었다. 그런 고객들에게 먼저 연락해 안전을 빈틈없이 챙긴다면 신뢰는 역으로 높아질 것이라는 가정이었다. 많은 지역에서 고객 편의를 위해 서비스 센터가 24시간 풀 가동되었고 고객들이 오히려 미안한 기분이 들 정도였다. 남다른 서비스 태도로 인해 리콜은 정말 기회가 되었다. 만족한 고객들은 자동차를 사려면 저기서 사라고 주위에 조언했을 것이다. 고성과 조직은 고객을 향한 태도를 형성하고 공유하는 데 집중한다. 그리고 나서 적절한 지식과 스킬을 받아들인다.

태도가 결정한다

미국 시애틀의 '파이크 플레이스 피쉬마켓Pike Place Fish Market'은 많은 사람들이 방문하는 관광 명소로, 구경만 해도 긍정적인 에너지를 받는다고 한다. 직원들은 생선으로 묘기를 부리거나 큰 목소리로 생선 인형극을 벌인다. 이곳은 몰락해가던 평범한 어시장이었지만 활력과 에너지로 다시 살아났다. 많은 서비스 기업들이 이곳을 벤치마킹하기 시작했고 사례는 조직 문화 교육 프로그램으로 정리되어 전파되었다. 경영 컨설턴트 존 크리스텐슨John Christensen과 동료들은 그 철학을 정리했는데, 소위 'FISH' 사고방식이라고 하는 것이다. FISH 사고방식은 네 가지 축을 기본으로 한다. 첫째는 스스로의 태도를 결정할 것choose your attitude, 둘째는 몰입할 것be there, 셋째는 놀이처럼 할 것play, 넷째는 사람들의 하루를 도울 것make their day이다.

태도를 결정하라는 것은 억지로 웃거나 친절하게 보이려는 것이 아니라 자신의 태도가 본인과 타인에게 영향을 준다는 사실을 인지하라는 의미다. 몰입하라는 것은 스스로가 결과의 원인이라는 사실을 깨닫는 것이다. 놀이처럼 하라는 것은 자신의 마음 상태가 새로운 에너지가 되어 창의적 해결책의 시발점이라는 것을 깨닫는 것, 마지막으로 사람들의 하루를 도우라는 것은 누군가에게 한마디의 말이나 도움을 건네는 것으로 타인의 하루를 가치 있게 바꿀 수 있다는 것이다.

미국의 자동차 딜러사 로체스터 모터스는 문제가 많은 회사였다. 조직은 변화의 가망이 없었고 경영진은 직원들에게 두 손을 들었다. 새로 온 사장은 어떻게 사람들을 변화시킬 수 있을까 고민하기 시작했다. 구성원들은 패배 의식에 젖어있었고 서로를 비난하며 남 탓을 하고 고객을 돈으로만 보고 있었다. 각 부서는 책임을 떠넘기고 서로 싸웠다. 어느 날 사장은 선배에게 고민을 털어놓았는데, 고객에 대한 열의에 집중하라는 조언을 들었다. 딜러로서 친한 친구에게는 좋은 차를 좋은 가격에 팔려고 할 것이다. 그렇다면 찾아오는 고객을 친한 친구라고 생각해보라는 것이었다.

직원들이 고객을 차를 사러 온 친한 친구라고 생각하니 많은 것이 바뀌었다. 서비스를 받는 고객의 입장에서 모두가 생각하기 시작하니 일에 사명감이 생겼다. 직원들은 고객이 웃을 수 있도록 해야 한다는 것에 눈을 떴고 고객이 지불하는 비용에는 서비스 직원의 급료와 영업 직원의 수당이 포함되어있다는 것을 이해하기 시작했다. 생각을 바꾸니 직원들이 주체적으로 변화했다. '내가 고객이라면 어떨까?' 하는 생각만으로 어려움들이 해결되었다. 또한 고객들이 좋아하니 직원의 만족도도 높아졌다. 태도가 달라지면 구성원과 조직의 성과도 변화한다.

Chapter 4

거래의 지식

| 01 |
안 보이는 것을 보이게

가치가 교환되도록 하려면 제품과 서비스의 가치가 드러나도록 만들어야 한다. 조셉 러프트Joseph Luft와 해리 잉햄Harry Ingham은 사람들이 어떻게 정보를 주고받는지 설명하기 위해 '조하리의 창Johari Window[9]' 프레임워크를 제시했다. 이것은 2개의 축으로 구성된 2×2 사분면이다. 두 축은 '자신이 아는 것/모르는 것', '타인이 아는 것/모르는 것'으로 구분된다.

자신도 알고 타인도 아는 것은 '열린 창open area'이다. 예를 들어 내 친구가 내 이름, 성별, 나이, 가족 관계를 알고 있는 것이다. '보이지 않는 창blind area'은 자신은 모르고 타인은 아는 것, 예를 들어 내가 인지하지 못하는 스스로의 습관 같은 것이다. '숨겨진 창hidden area'은 자신은 알지만 타인은 모르는 것, 즉 내면의 비밀이나 잠재 욕망 같은 것이다. '미지의 창unknown area'은 자신도 모르고 타인도 모르는 것이다. 부동산 폭락 타이밍은 아무도 알지 못하는 것과 같다. 미국 국방 장관이었던 도널드 럼스펠드Donald Rumsfeld의 이름을 딴 '럼스펠드 매트릭스Rumsfeld Matrix'도 이와 비슷한데, 정보는 '알려진 지식known knowns', '알려진 무지known unknowns', '알려

9 Joseph + Harry = Johari

지지 않은 지식unknown knowns', '알려지지 않은 무지unknown unknowns'로 구
분된다. 알려지지 않은 무지는 모른다는 사실조차 모르는 지식이다.

[도표 4-1] 조하리의 창

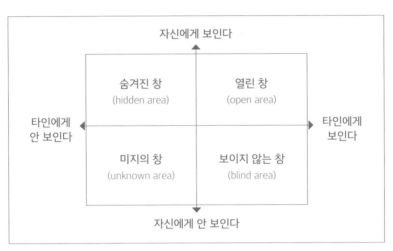

누군가와 거래를 하고 싶다면 공개 영역인 열린 창부터 시작할 필요가
있다. 우선 눈으로 보고 듣고 느낀 정보를 이용해 대화를 시도할 수 있다.
처음에는 당연히 공통의 영역이 작겠지만 소통 과정에서 점점 확장시킬
수 있다. 점차 투명성, 개방성, 정직성에 기반해 자신의 정보를 상대에게
공유하면(자기 개시) 상대도 자신을 보여준다. 상호성의 법칙이다.

거래는 '보이지 않는 것을 보이도록 만드는 과정'이다. 나도 알고 상대도
아는 뻔한 정보는 가치가 없다. 당연한 이야기로는 거래가 진전되지 않는
다. 그러면 상대는 가격이나 깎으려 한다. 그렇다면 '직원은 모르고 고객만
아는 것'에서 시작한다. 이것을 '정보 수집'이라고 부른다.

자동차의 예를 들면 고객에게 왜 연비를 중요하게 생각하는지 묻는다(지

방을 자주 다녀서 1년에 10만 킬로미터를 탄다). 그 정보에 '직원만 아는 것'—전문 지식, 부가가치—을 더한다(전기차로 교체하면 5년간 유류비가 3천만 원 정도 절약되니까 고객에게 이득이다). 다음은 열린 창 영역으로 이동하면서 공감과 이해를 구한다(고객 : 그렇게 이익이 크다니!). 이렇게 거래가 성립된다.

요약하면 다음과 같다. 첫째, 열린 창 영역에서 관계 형성을 시작한다. 둘째, 고객 관점의 숨겨진 창 영역에서 정보를 수집한다. 셋째, 마찬가지로 고객 관점의 보이지 않는 창 영역에서 가치를 제공한다. 나만 제공할 수 있는 정보가 곧 부가가치다. 들을수록 득得이 있다는 것을 알려야 설득說得이 된다. 넷째, 상호 이해하는 상태를 만들어 열린 창에서 확인한다. 상대도 알고 나도 아는 영역에 머무르는 거래는 실패하기 쉽다. 하나마나 한 이야기를 들으면 상대는 가치를 느끼지 못하기 때문이다.

[도표 4-2] 거래의 부가가치 창출

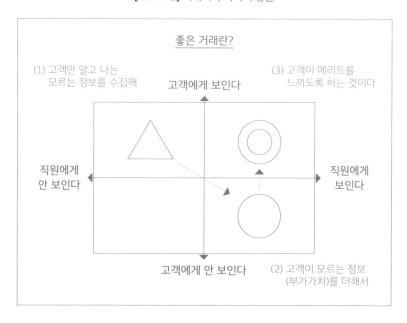

| 02 |
신뢰-저항의 총량 불변

라뽀rapport는 사람 사이의 유대감이나 마음이 통하는 상태나 정도를 의미하는 심리학 용어로, '친밀감'이나 '신뢰' 등으로도 번역된다. 교환관계에서 거래가 성립하려면 신뢰는 필수다. 그러나 거래 상대는 저항감을 가질수 있다. 라뽀(신뢰)의 반대를 고객의 저항이라고 보면 이 둘은 반대로 움직인다. 한쪽이 올라가면 한쪽은 내려간다고 가정하고 '라뽀-저항 반비례의 법칙'이라고 하겠다. 인간의 생존 본능은 사물을 비판적으로 바라보고 의심하게 만든다. 저항이 줄어들수록 거래의 성공 확률은 올라갈 것이다. 라뽀와 저항 전체를 더한 '총량'이 100이라고 가정하면 라뽀가 100일 때 저항은 0이다.

신뢰와 함께 저항이 상승한다는 것은 생각하기 어렵기 때문에 저항을 낮추는 방법은 신뢰를 높이는 것이다. 초기의 신뢰는 대단히 중요하다. '초두효과Primacy Effect', 첫인상이 중요한 것도 마찬가지다. 로켓은 대기권 돌파에 에너지의 90퍼센트를 사용한다. 비행기는 이륙할 때 최대 출력의 90퍼센트를 사용한다. 기차도 정지 상태에서 최초의 마찰 임계점을 넘어막 움직이려고 할 때가 가장 많은 힘이 들어가는 시점이다.

즉, 거래의 초기 저항을 뚫는 것이 가장 어렵다. 로켓은 일단 발사 후 궤

도에 오르면 쉽게 순항한다. 저항이 거의 없다. 마찬가지로 운동도 일단 체육관에 가는 것이 가장 힘들다. 소파에서 일어나는 것이 가장 큰 문제다. 저항을 이겨내지 못하면 결과는 없다. 정신의학자 에밀 크레펠린Emil Kraepelin은 인간의 뇌와 관련해 '작동흥분이론Work Excitement Theory'을 제시했다. 그는 신체는 뇌에 발동이 걸리면 자동으로 움직이는 기계라고 했다.

인간은 변화를 싫어한다. '항상성恒常性, Homeostasis'은 인체의 생존 메커니즘이다. 우리 몸은 외부 환경이 변화해도 신체 환경을 일정하게 유지하려는 특성이 있다. 체온과 맥박, 산성도와 알칼리, 혈압 등은 우리가 아무리 지시를 내려도 변하지 않는다. 하지만 이와 달리 뇌는 일단 움직이기 시작하면 흥분하고 하기 싫었던 일도 의욕적으로 시도해 지속하도록 돕는다. 시인 랄프 왈도 에머슨Ralph W. Emerson의 말처럼 일단 실천하면 힘을 지니게 된다. 조직이 해야 할 일은 고객이 원하는 것을 이해하고 좋은 제품과 서비스를 빠르게 제공하는 것이다. 그런 일을 지속하면 뇌가 흥분하기 시작한다.

......

불만족이 중요하다

애완동물 행동을 개선시키는 TV 프로그램의 기본 전개는 이렇다. '다루기 힘든 애완견이 있다. → 애완견 때문에 가족들은 힘든 시간을 보내고 있다. → 전문가가 애완견을 진단하고 가족들에게 솔루션을 제공한다.' 프로그램의 중심을 잡아주는 핵심 인물은 애완견 행동 교정 전문가다. 그는 현장에서 가족들의 이야기를 듣고 애완견을 관찰한 후 개와 가족의 상호작용을 살핀다.

그런데 전문가는 개를 살핀 후 "상당히 괜찮은 개인 것 같은데요?"라고 말한다. 가족은 개에 문제가 있다고 하는데, 전문가는 개에 문제가 없다는 것이다. 많은 경우 문제는 가족들에게 있다. 개의 나쁜 행동은 결과이고 가족들의 잘못된 행동이 원인이다. 개에게 문제가 없다는 것이 아니다. 단지 개가 잘못되었다는 전제를 바꾸면 상황이 훨씬 좋아질 수 있다는 것이다. 세상에 나쁜 개는 없다. 그리고 세상에 나쁜 고객도 없다.

결코 바뀌지 않는 두 가지가 있는데, 자연 법칙과 자기 자신이다. 심리학자 에릭 번Eric Berne도 과거와 자기 자신은 바꾸기 어렵다고 했다. 사람들은 타인이 달라지길 기대하면서도 자신은 잘 바꾸지 않는다.

자신을 바꾸는 것은 어렵지만 성공하면 효과가 크다. 천동설 대신 지동설로 관점을 바꾸는 것이다. 많은 경우 거래가 실패하면 고객을 탓하거나 제품, 가격, 회사의 서비스를 탓하는 사람들을 발견하게 된다. 사회심리학의 '통제위치Locus of Control' 이론은 개인의 노력이 성과에 영향을 미치지 않는다고 믿는 사람들이나, 운이나 외부적인 요인에서 원인을 찾는 외적 통제위치를 가진 사람들의 존재를 설명한다. 그러나 조직과 개인이 원하는 성과를 얻으려면 내부에서 원인을 찾고자 노력해야 한다. 고객의 불만을 나쁘게만 생각하지 않아야 하는 것이다.

......

마피아와 고객은 잊지 않는다

딸의 유치원 졸업식이 얼마 남지 않은 어느 날이었다. 집에서 저녁을 먹는데, 딸이 졸업식 때 무슨 꽃을 살 거냐고 물었다. 갑자기 출장 일정이 떠올랐다. 못 갈 것 같다고 했더니 딸은 실망한 표정으로 한숨을 쉬었다. 며칠이 지나 다시 저녁을 먹다가 딸에게 출장이 취소되어 갈 수 있을 것 같다고 말했다. 딸은 "아싸~"를 연발하며 달력을 들고 와 뭔가 끄적댔다.

나는 달력을 보고 깜짝 놀랐다. 졸업식 날짜에 '졸업식'이라고 써있었고 그 밑에는 '아빠 못 옴'이라고 적혀 있었다. 내가 갈 수 있다는 말을 듣자마자 딸은 빨간색 펜으로 '아빠 못 옴'을 지우고 '아빠 옴♡'으로 바꿔 적었다.

고객은 결코 잊지 않는다. 비록 조직은 잊을지라도 고객은 잊어버리는 경우가 없다. 많은 경우 고객은 실망스러운 경험이 있어도 말을 하지 않는다. 말해주지 않으면 어디가 잘못되었는지 알 수 없다. 따라서 불만을 말해준다면 오히려 감사해야 할 고객이다. 아무 말 없이 사라지는 고객으로부터 배울 수 있는 것은 없다. 그러나 불만을 말해주면 무언가를 배울 수 있다.

조직에서 '고객 만족customer satisfaction' 수준을 높이려면 고객을 만족시키려는 노력 이상으로 불만 고객을 만들지 않으려는 노력을 해야 한다. 100명의 고객이 있고 그중 95퍼센트의 고객이 만족했다고 가정해보자. 국내 한 소매 기업의 조사에 따르면 만족 고객의 40~50퍼센트는 주위에 경험을 전파한다고 한다. 만족 고객이 1명씩 신규 고객을 추천한다면 회사에 95명의 가망 고객이 생긴다.

95퍼센트가 만족했다는 것은 아직 5퍼센트는 만족하지 못했다는 의미다. 5명의 불만 고객은 회사에 별다른 말을 하지 않았지만 주위 사람들에게는 이야기한다. 저기서는 절대로 사지 말라고.

이것이 불만 고객이 퍼뜨리는 메시지의 핵심이다. 불만 고객은 나쁜 경험을 상대적으로 더 많이 주위에 공유한다. 불만족한 1명의 고객은 주변의 20명에게 불만을 전파한다. 5명의 불만 고객이 100명의 잠재 고객을 없애는 효과가 있는 것이다. 95퍼센트의 만족 고객 효과와 5퍼센트의 불만 고객 효과를 합산하면 결국 95-100=-5, 역효과가 난다. 소수의 불만 고객이 기업의 성장을 축소시킬 수 있다.

모두 만족 고객이 중요하다고 할 때 불만 고객에 집중하는 것이 중요하다. 회의 중에 지점장이 고객 만족도 조사에서 950점만 맞아오라고 직원들에게 호통을 친다. "그 정도면 된단 말이야!"

이럴 때 두 가지 질문이 필요하다. 첫째, 몇 점이면 괜찮은 수준일까? 만족도가 950점이라고 해서 불만이 발생하지 않는 것은 아니다. 10점 만점에 고객이 9점을 주었다. 중요한 것은 나머지 1점이다. 만점을 주지 않은 이유는 어딘가 부족했기 때문이다. 1점을 빼기 위해 고객은 고민하고 주저했을 것이다. 숨겨진 1점의 이유를 찾아야 한다. 줄어든 1점은 고객이 보낸 신호이므로 회사는 더 노력해야 한다.

둘째, 만점을 받으면 고객은 우리와 거래할까? 평가가 만점이라도 고객은 거래하지 않을 수 있다. 가상의 고객이 매장을 방문해 체크리스트에 표시를 한다. 드러난 문제는 없다. 그러나 사겠다는 의미는 아니다. 여기에 '고객 만족의 역설'이 있다.

평가 기준을 조금 바꾸면 점수가 낮아지거나 높아질 수 있다. 성과 향상이 목적이라면 만점을 받았다고 좋아할 일이 아니다. 팔린다는 보장이 없기 때문에 '기대에 맞추려는' 고객 만족 개념 대신 '기대를 뛰어넘는' 고객 감동customer delight에 집중해야 한다. 일상적 기대를 넘는 놀라움wow factor이 있어야 한다. 버진그룹Virgin Group 창립자인 리처드 브랜슨Richard Branson은 '닥터 예스'라는 별명으로 유명하다. 그는 상대에 대한 작은 도움 행동이 세상을 변화시킨다고 직원들에게 강조한다. 도움 행동에 능숙한 조직이 고객 감동을 창출한다.

......

마음의 산소

고객 만족에서 감동으로의 변화에는 응대를 환대歡待로 바꾸려는 노력이 필요하다. 상대를 진심으로 반기면 고객에게 왕이 된 듯한 기분을 느끼게 할 수 있다. 심리학자 에릭 번은 '교류분석이론Theory of Transactional Analysis'을 제시하면서 인간은 타인과의 상호 교류를 통해 욕구를 충족시키고 성장하기 때문에 사회적 상호작용을 추구한다고 했다.

여기서 스트로크stroke라는 개념이 등장하는데, 삶에 의식주 이상으로 중요한 마음의 접촉을 의미한다. 가장 상위의 스트로크는 긍정적이고 무조건적인 '주는 행동'이다. 인간은 타인의 칭찬이나 인정을 자양분으로 성장한다. 상대가 이야기를 잘 들어준다고 느끼면 인정받음을 느끼고 마음을 열게 된다.

어느 조직에서는 스트로크를 '마음의 산소'라는 표현으로 바꿔 사용한다. 응대를 환대로 바꾸기 위해 마음의 산소를 머금은 진정성 있는 상호간 인사를 중요시하는 것이다. 좋은 에너지는 상대에게 전달된다. 인사를 받는 동료 직원에게 마음의 산소가 느껴지지 않으면 고객도 끌어당길 수 없다. 당신이 다니는 직장에서는 출근 시 서로에게 밝게 인사하는가? 경영진의 얼굴은 어둡지 않은가? 의식적으로 밝게 인사하는 연습이 성과를 올리는 방법이다.

어느 60대 노부부가 자동차 전시장을 방문했다. 당직 직원은 친절한 고객 맞이와 함께 주차를 도와주었다. 노부부는 광고 전단에 나온 차를 보여 달라고 했다. 그 차는 조금 떨어진 곳에 위치한 경쟁 회사의 제품이었다. 직원은 미소를 띤 채 펜과 종이를 가져와 지도를 그려가며 노부부에게 위치를 설명해주었다. 2시간 후 노부부가 돌아와 말했다. "당신에게 살게요." 직원이 영문을 물으니 노부부는 말했다. "그쪽 직원은 당신처럼 친절하지 않더군요."

고객을 영업 직원으로 만드는 것도 가능하다. 자신의 불만이 조직적으로 성심성의껏 처리되는 과정을 보면서 오히려 고객의 만족도가 높아지는 경우가 있다. A사는 어린이용 영양제를 판매했는데, 용기에 들어있는 제습제를 5세짜리 아이가 삼켰다. 주의 표기가 되어있어 회사의 잘못은 아니었다. 그러나 담당자는 현명하게도 고객을 찾아갔고 제습제를 먹어도 인체에는 해가 없다는 사실을 부모에게 확인시켜주었다. 그리고 아이의 엄마와 할머니가 보는 앞에서 직접 제습제를 삼켰다고 한다. 그 고객은 회사의 옹호자가 되었다.

진실의 순간에 상대에게 영향을 미치려면 신뢰를 높여야 한다. 상대와 자주 접촉하는 것만으로도 효과가 있다. 소위 '노출효과Exposure Effect' 혹은

'단순접촉효과Mere Exposure Effect'라고 한다. 어떤 고객이 자동차 교체를 고민하고 있었다. 그는 A사와 B사의 모델을 비교했다. A사 제품은 계속 타왔기 때문에 이번만큼은 피하고 싶었다. 어느 날 자동차 와이퍼에서 A사 영업 직원의 명함을 발견했다. 명함은 그가 주차장에 갈 때마다 꽂혀 있었다. 그러던 중 명함 속 직원으로부터 전화가 왔다. 고객은 이번에는 B사 제품으로 살 거라고 거절했다. 직원은 근처에 있다며 인사를 오면서 음료를 가져왔다. 결국 고객은 A사의 자동차를 구매했다. 내 장모님의 이야기다. 거래 창출 능력이 뛰어난 직원은 몇 번이라도 고객을 만나서 제안을 하고 정보를 제공한다. 그리고 고객을 빚지게 만든다.

네트워크의 힘

생각보다 작은 세상

일본인 A는 관계사 파트너인데, 서울에서 3일간의 미팅 일정을 마친 후 금요일에 자신의 사무실이 있는 나고야로 돌아갔다. 그 다음 주 월요일에 나는 다른 건으로 도쿄 출장을 갔다가 거래처 담당자와 점심을 먹으려고 건물 1층에서 기다리고 있었다. 그때 A가 나타나 자연스럽게 "어이" 하면서 악수를 청했다. 그리고 나와 A는 동시에 깜짝 놀라 서로를 마주봤다. '어, 뭐지?' A도 마침 다른 약속으로 같은 건물에 와있었다. 세상 정말 좁다며 함께 웃었다.

두 번째 에피소드는 관계사 대표들과 함께 미국 시카고에 갔을 때의 일이다. 현지 가이드는 어딘가 낯익은 데가 있었는데, 이틀쯤 지났을 때 가이드가 나에게 물었다. "B 사장 아세요?" B 사장은 함께 오지 않은 관계사의 대표였다. 깜짝 놀라 어떻게 아는 사이냐고 되물으니 사촌이라고 했다. 다시 보니 얼굴도 닮았었다. 일행 중 한 사람이 곧바로 한국에 있는 B 사장에게 우리의 미국 가이드가 당신의 사촌 형이라고 이메일을 보냈다. 그리고 회신이 왔다. "Oh, My God!"

미국 대통령과 만날 수 있을까? 질문을 바꿔야 한다. 당연히 만날 수 있으므로 누구를 거쳐 만날 것인지를 물어야 한다. 통상 미국에서는 6단계를 거치면 누구라도 만날 수 있다. 연기파 배우 케빈 베이컨Kevin Bacon은 인맥으로 유명한데, 한때 그를 중심으로 한 인맥 게임이 유행했다. 그는 헐리우드의 웬만한 배우들과는 한 번쯤 일했다며 한 다리만 건너면 누구든 만날 수 있다고 한 것이 발단이 되었다. 함께 영화에 출연했던 배우를 1단계에 두고 케빈 베이컨까지 몇 단계인지 보는 것이다. 로버트 레드포드Robert Redford 2단계, 줄리아 로버츠Julia Roberts 3단계 등 대부분의 배우들이 6단계이내에 연결되었다. 결과적으로 특정인을 중심으로 한 네트워킹이 그다지 어려운 일이 아니라는 것이 알려졌다.

하버드대학교의 심리학 교수였던 스탠리 밀그램Stanley Milgram은 현대사회가 작은 인간관계의 집합체이자 네트워크임을 밝혔다. 그는 무작위로 사람들을 선발해 먼 도시의 특정인에게 편지를 전달하는 실험을 했다. 참가자들은 지인을 통해서만 편지를 전달할 수 있었고 수신인을 알 것 같은 사람에게 전달하게 했다. 상당수 편지가 제대로 주인에게 전달되었다. 통상 3~10단계를 거쳤고 평균적으로 6단계였다. 이것이 소위 '6단계 분리이론Six degrees of Separation'이다. 한국에서는 평균 4.6명을 거치면 원하는 사람을 만날 수 있다. 사람의 영향력이나 평판은 상당히 널리 전파된다. SNS가 활성화된 현재는 말할 것도 없다.

평판은 전달된다

전설의 자동차 세일즈맨 조 지라드는 결혼식이 평균 250명 규모의 집단
에 영향을 미친다고 주장했다. 사람들은 결혼을 할 때 동료, 친구, 친척을
초대한다. 결혼식에 모인 하객들은 이야기를 나눈다. 자동차 이야기를 하
면 특정 영업 직원을 추천하거나 차를 사지 말라고 할 수도 있다. 불만 고
객 1명이 250명에게 나쁜 경험을 전하면 한달에 자동차 100대를 판매하는
지라드에 대한 나쁜 평판은 2만 5천 명에게 전달될 수 있다. 따라서 '한 번
팔면 그뿐'이라는 생각을 버려야 한다. 어떤 고객이든 상당히 많은 사람들
에게 나의 평판을 전파하기 때문이다.

어느 자동차 영업 직원이 여성 고객과 상담을 했다. 직원은 차를 잘 모
르는 고객을 위해 세심하게 상담해주고 자동차 구매 시 주의 사항도 알려
주었다. 그리고 고려 차종을 충분히 더 살펴보고 오라며 고객을 돌려보냈
다. 감동을 받은 고객은 남편에게 좋은 직원을 만났다고 주위에 차 살 사람
이 있으면 그 영업 직원을 소개해주라고 했다.

다음 날 남편은 직장 동료에게 전날 아내와의 에피소드를 말했다. 직장
동료는 자신의 아내가 근무하는 회사라고 했다. 직장 동료는 퇴근 후 아내
에게 그 영업 직원이 누구냐고 물어봤고 아내는 다음 날 회의 시간에 이 에
피소드를 전했다. 팀장은 해당 전시장에 전화를 걸어 담당 영업 직원에게
고객들로부터 평판이 좋다고 알려줬다. 영업 직원은 자신의 평판이 짧은
시간 동안 많은 사람을 거쳤다는 사실에 놀랐다. 평판은 6단계를 거쳐 자
신에게 돌아왔다. 해당 영업 직원은 한 달 평균 40건의 상담을 하는데, 6단

계를 거친다면 대략 240명의 고객이 자신의 평판에 대해 알게 되는 것이다. 이는 지라드의 이야기와 유사하다.

2016년 하반기 글로벌 M&A 업계에 빅 뉴스가 전해졌다. 마이크로소프트Microsoft가 50퍼센트의 프리미엄을 얹어 약 31조 원의 매각 가격(262억 달러)을 현금으로 치르고 4억 5천만 명의 회원과 1억 500만 명의 월간 활성 유저를 가진 비즈니스 네트워킹 서비스 링크드인Linkedin을 인수했다. 링크드인은 온라인 공간에서 자신의 능력을 거래하는 소셜 서비스다. 즉, 관계 자산을 사고판다. 2016년 6월 미국 오바마Barack Obama 대통령은 퇴임을 반 년 남긴 상태에서 곧 인력 시장에서 만나자며 링크드인 애플리케이션을 깔겠다고 농담을 할 정도였다.

링크드인 합병은 마이크로소프트 역사상 최대 규모로, 독립적인 경영권까지 인정한 채 사들인 것이다. 마이크로소프트가 주목한 것은 방대한 데이터베이스다. 수억의 유저들이 자신을 자발적으로 공개하고 시장에 내놓는다. 온 지구상의 구인 구직 활동이 이곳에 집중되고 비즈니스 기회와 부가가치가 끊임없이 만들어진다. 이는 지구 반대편에서도 평판이 만들어지고 전해지는 것이다.

프로는 앉아서 판매한다. 즉, 고객이 먼저 연락하도록 만든다. 어느 구두 수선점 대표는 구두닦이를 시작했을 때 하루에 3만 원 벌기도 어려웠다고 한다. 그는 어느 시점부터 돈이 따라오는 시스템을 만들기로 마음먹은 후 고객들을 관찰했다. 5월이면 여성들이 샌들을 신기 시작한다는 사실을 알게 되었고 곧잘 떨어지는 샌들 끈을 수선비 2천 원을 받지 않고 무료로 수선해주기 시작했다. 손이 많이 가는 것은 아니니 무료라도 나쁠 것 없겠다고 생각해 시작한 일이었다. 그런데 놀랍게도 3개월 후 매출은 3배로 늘었다. 한 번 무료 수선을 받은 고객들이 주위 사람들에게 입에 침이 마르도록 그 구두 수선점을 추천했기 때문이다.

......

소중한 것은 발밑에 : 한 우물을 파라

맹자는 한 우물을 파는 일의 중요성을 강조했다. 목표를 세워 어떤 일을 하려는 사람은 우물을 파듯이 해야 한다. 우물을 9길이나 팠더라도 샘이 솟는 데까지 이르지 못하면 애초에 포기한 것과 마찬가지다. 9길을 넘게 팠더라도 샘이 솟는 것을 확인해야 비로소 멈추는 것이다.

한 우물이 중요한 것은 투자도 마찬가지다. 성공한 투자자인지 알려면 지금까지 한 종목에서 기록한 최대 수익률을 물으면 된다. 큰 부자들은 1천 퍼센트, 2천 퍼센트 수익률을 낸 종목도 많이 가지고 있다. 상대적으로 긴 시간 동안 투자했다는 의미다. 작은 변화나 시세에 연연하지 않고 한 우물을 판 결과 큰 수익을 얻을 수 있다.

이 주식 저 주식 기웃거리고 새 종목을 발굴하려면 바쁘고 힘들다. 좋은 종목을 골랐는데, 작은 수익에 만족해 금새 팔아버린다면 그 주식은 다시 사지 못한다. 전설의 투자자 피터 린치Peter Lynch 역시 가장 크게 후회하는 일은 10배, 20배 갈 주식을 작은 수익에 팔아버린 일이었다고 고백했다. 좋은 종목을 한 번 매도하면 다시 새로운 종목 발굴에 힘을 써야 한다. 최고의 종목을 팔아 치우고는 차선책을 찾는 것이다. 굳이 '좋은 기업'을 팔고 '덜 좋은 기업'을 찾아 헤매는 일은 누가 봐도 합리적이지 않다.

한두 개 주식만 가지고 평생 투자하는 사람들은 마음도 느긋하다. 소수 종목으로 수백억씩 굴리는 투자자들이 많다. 기업의 펀더멘털, 비전, 리더십이 바뀌지 않는 이상은 밤새 재무제표를 쳐다볼 이유도 없다. 한 우물만 파는 것의 한 가지 단점은 화려해 보이지 않는다는 것이다. 투자하는 것처럼 '보이지' 않고 묵묵하고 수수하다. 워런 버핏은 코카콜라Coca-Cola 주식을 평생 보유 중이다.

고객과의 거래도 마찬가지다. 조직에서 취급하는 제품이나 서비스에 스스로 식상해져 새 아이템을 찾아 회사를 갈아타고 이직한다. 그 결과 새로운 고객을 찾고 또 찾는다. 기존 고객에 집중하지 않고 신규 고객을 찾아 헤맨다. 안정적인 거래를 원한다면 한 우물을 팔 필요가 있다. 빌 게이츠의 마이크로소프트도 컴퓨터 OS라는 기본 우물을 오랜 기간 깊게 팠기 때문에 링크드인이라는 다른 우물도 팔 수 있었다.

......

다이아몬드 밭

지금 내가 서있는 곳, 그 발밑에 무궁무진한 가능성이 숨겨져 있다면 어떨까? 신규 고객 창출을 위한 활동에 에너지를 덜 쓰는 방법이 있다. 역사상 가장 아름다운 다이아몬드로 불리는 76캐럿짜리 프란츠 대공 다이아몬드, 영국의 코이누르 다이아몬드, 프랑스의 리전트 다이아몬드는 모두 한 곳에서 채굴되었다고 한다. 인도의 골콘다 광산은 세계 최초, 최대의 다이아몬드 광산으로, 18세기까지 세계의 유일한 다이아몬드 광산이었다. 미국의 교육자 러셀 콘웰Russell Conwell은 'Acres of Diamonds다이아몬드 밭' 이야기로 미국 전역을 돌며 강연가로 명성을 쌓았는데, 그렇게 이룬 부로 지금의 템플대학교Temple University를 설립했다. 그는 강연에서 청중들에게 항상 다음의 이야기를 들려주었다.

'다이아몬드는 매우 귀한 보석이지만 깎아서 광택을 내지 않으면 버려진 돌에 지나지 않는다. 우선 숨겨진 원석을 찾아야 한다. 옛 페르시아 지방에 살던 부유한 농부는 다이아몬드라는 보석 이야기를 듣게 되었다. 다이아몬드 광산을 얻는다면 한 나라의 왕도 될 수 있었다. 농부는 땅을 헐값에 팔고 다이아몬드를 찾아 나섰다. 전 세계를 돌아다녔지만 다이아몬드는 찾지 못했고 결국 스페인 해안에 뛰어들어 생을 마감했다. 그런데 그가 원래 소유했던 농장에서 다이아몬드가 발견되었다. 그곳이 골콘다 광산이다.'

큰 부를 원하던 미국 펜실베니아의 한 농부는 땅을 푼돈에 처분하고 석유에 인생을 걸기로 했다. 그런데 농장을 사들인 다른 사람은 헛간 뒤 개울에서 시커먼 거품 찌꺼기가 나오는 것을 발견했다. 그곳은 가치가 수십억 달러에 이르는 석유 밭(유정, 油井)이었다. 농부는 일확천금을 꿈꾸었지만 자신의 농장에 석유가 깔려 있을 줄은 꿈에도 몰랐던 것이다. 콘웰은 석유 밭이 아니더라도 사람들은 이미 유익한 자산을 가지고 있다고 강조했다. 성공의 근원은 먼 곳에 있지 않고 자신이 서있는 바로 그곳에 있다. 파랑새는 멀리 있지 않다.

회사는 늘 신규 고객에 집중한다. 신규 고객 확보의 중요성은 아무리 강조해도 지나치지 않다. 그러나 진정한 다이아몬드 밭은 기존 고객이다. 그럼에도 잡아둔 물고기에는 관심을 덜 두게 된다. 대표적으로 통신 서비스

같은 비즈니스는 시장 점유율을 위해 신규 고객 대상 프로모션이나 마케팅에 집중한다. 오랜 기간 회사의 수익에 기여한 기존 고객들에게는 오히려 혜택이 많지 않다.

이상한 일은 아니다. 신규 고객이나 소개 고객은 '빠르게' 결과가 나오기 때문이다. 신규 고객은 '이미 사려고 마음먹은 사람'이다. 소개 고객도 마찬가지다. 어느 정도 '사려는 마음이 굳어진 사람'이다. '누구에게 살까'만 해결하면 된다. 그래서 기업들은 신규 고객, 소개 고객에 집중한다.

반면, 이 고객들은 가격에 민감하다. 누구에게 살지 고민한다는 것은 누가 더 나은 거래 조건을 제시할지가(가격) 관심 사항이라는 것이다.

환대의 경쟁 우위

레스토랑 사업가의 전략

리본으로 묶여 고급스럽게 잘 포장된 선물 상자 하나가 있다. 내용물을 확인하기 전에 선물을 받은 사람은 멋진 포장 이상의 멋진 것이 들어있었으면 하는 기대를 가질 것이다. 적어도 내용물이 실망스럽길 기대하는 사람은 없을 듯하다. 기대를 넘는 것이 환대다. 응대는 고객이 받아들일 만한 수준meet expectation을 의미한다. 반면, 환대는 고객의 기대를 넘는 서비스beyond expectation다. 상대로부터 감탄사가 나온다면 좋은 서비스다. 비슷한 노력, 자원, 시간을 투입해야 하고 어차피 할 일이라면 응대 수준을 높여 환대를 지향하는 것이 당연히 좋을 것이다.

사람의 말과 행동은 기억에 잘 남지 않지만 그 말과 행동이 준 인상은 오랫동안 지속된다. 그러므로 거래 상대에게 즐거운 구매 경험을 남겨야 한다. 누군가는 커뮤니케이션을 테니스 치는 것에 비유한다. 잘되는 커뮤니케이션은 양방향이다. 공이 네트를 넘어 서로에게 받기 좋은 정도로 왕복한다. 이런 경기가 재미있지 죽어라 이기려고 달려드는 경기는 재미가 없다.

테니스와 달리 한쪽이 거래를 성사시키려고 일방적으로 커뮤니케이션하려는 경우 '피치pitch를 올린다'라고 표현한다. '피치'는 용건을 핵심적으로 전하고 '나'를 중심으로 정보를 전하는 것이다. 효과적으로 단시간에 팔고 싶다. 따라서 상대의 이야기를 들을 시간도, 생각도 없다. '엘리베이터 피치'는 상대와 함께 승강기를 타고 올라가는 아주 짧은 시간 동안 거래의 핵심 조건을 말하고 승인받는 것을 의미한다.

그러나 역설적으로 고객 감동을 일으키려면 피치를 올리는 것으로는 안 된다. 관계 성과에 뛰어난 조직과 사람들은 '나' 중심이 아닌 '상대' 중심으로 소통한다. 급히 거래를 마무리하려는 태도, 살지 말지 결정하라고 종용하는 태도는 상대에게 압박감을 느끼게 한다. 전달하려는 상품과 서비스의 장래 이미지, 혹은 고객이 그것을 이용했을 때 어떤 점이 가치를 제공하는지 상대에게 주어질 혜택을 연상하도록 설명하고 선택할 수 있는 시간을 주어야 한다.

커뮤니케이션이 테니스라면 공을 네트 건너편으로 넘기려는 노력이 중요하다. 받을 수 있을 만한 서브를 넣어두고 상대가 다시 공을 넘길 수 있도록 해야 한다. 쉽게 받을 수 있는 상황을 만드는 것이 상대 중심적 행동이고 부가가치를 만드는 행동이다. 비로소 공이 양쪽 코트를 왕복하는 과정에서 신뢰가 형성된다. 거래를 결정하는 것은 조직과 직원이 아니라 고객이다. 승부하려는 강박관념 대신 공을 넘기려는 노력을 지속할 때 결과가 따른다.

대니 메이어Danny Meyer는 뉴욕 레스토랑 업계의 거물로, 업계에 대한 이해가 높고 접객업의 유명 강사로서 다른 산업에서도 인기가 높다. 그의 환대 철학은 확실하다. 그가 생각하는 환대 개념은 레스토랑에만 존재하는 것이 아니며 경영학과에서 가르치지 않는 가장 강력한 경쟁 우위의 요소다.

그에 따르면 조직과 직원이 고객의 편이라는 인상을 줄 수 있다면 그것이 환대다. 직원이 자신에게 뭔가를 해주었다, 기호와 취향에 맞추어주었다는 느낌이 든다면 이 역시 환대다. 고객들은 서비스 과정에서 어떤 감정을 느꼈는지 기억한다.

환대를 제공하려면 업계에서 흔히 말하는 "고객이 최우선이다customer first"라는 말을 "고객은 두 번째다customer second"라는 말로 재정의해야 한다. 즉, 고객이 감동을 받으려면 직원의 만족과 즐거움이 우선employee satisfaction이라는 것이다. 즐거운 직원이 고객에게 감동을 줄 수 있다.

메이어는 고객은 직원이 열심히 일하는지, 즐겁게 일하는지 판단하는 전문가라고 한다. 고객이 이 두 질문에 YES라는 느낌을 받으면 뛰어난 고객 경험이 제공되고 있는 것이다. 메이어는 채용 시 개인 업무 역량competence보다 감정 기술emotional skills에 높은 비중을 둔다고 하는데, 높은 고객 환대 지수hospitality quotient가 채용의 선제 조건이라는 것이다. 서빙 직원처럼 고객 접점의 직원뿐만 아니라 공장으로 치면 생산 직원으로 비유할 수 있는 주방 직원이라도 마찬가지다.

다시 말해, '일반지능Intelligent Quotient; IQ'보다 '정서지능Emotional Quotient; EQ'을 중시하는 정책이다. 정서지능이 높은 사람은 타인의 기분을 좋게 했을 때 즐거워한다. 높은 정서지능은 친절함, 낙관주의, 직업윤리, 호기심, 공감 능력, 자기 인식, 성실성이라는 공통 요소와 연결된다. 이러한 특징들은 환대를 받는 거래 상대가 누구인지, 무엇을 원하는지 파악하도록 만든다. 그의 레스토랑은 동행 여부, 마지막 방문, 기호, 대화 주제 등 고객 정보를 수집하고 있기 때문에 직원은 그날의 예약 고객에 대해 사전에 알아

볼 수 있다. 정보를 활용해 맞춤형 서비스를 제공하면 고객은 확실히 환대의 느낌을 받을 수 있다.

그는 '최고the best'라는 칭호를 얻기보다 '고객이 제일 좋아하는my favorite' 조직이 되기 위해 노력하라고 조언한다. 최고는 언제든 반박될 수 있지만 누군가가 좋아하는 제품이나 서비스는 부정당할 수 없다. 'favorite' 제품이나 서비스는 분명 고객의 기분이 좋아지게 할 감성적 가치를 제공할 확률이 높다.

제품과 서비스의 본질적 수준 향상 노력은 너무 당연한 것이다. 제품과 서비스의 본질적 역량에 환대 경험을 더했을 때 여기보다 나은 곳은 없다는 평판을 얻게 된다. 환대 경험은 조직과 개인에게 지속적인 경쟁 우위를 제공하는 이유가 된다. 경험이란 스마트폰으로 찍어서 공유하거나 복제할 수 있는 것이 아니기 때문이다. 경쟁자가 복제할 수 없는 영역에서 승부해야 한다. 메이어는 서비스와 돈을 교환한다는 생각 대신 행복함이나 좋은 감정을 거래한다는 생각을 조직에 심어야 한다고 주장한다. 그래야 고객이 다른 곳을 찾지 않기 때문이다.

......

같은 서비스, 다른 평가

같은 직원이 같은 자원으로 같은 서비스를 제공했는데, 고객의 평가가 달라질 수 있을까? 같은 조건 아래에서도 평가는 달라질 수 있다. 보통의 조직에서는 고객 평가를 잘 받기 위한 토론 자리에서 이런 논리를 자주 꺼

낸다.

'우리는 a) **지난달과 다름없이 고객을 대했는데**, 평가가 낮아졌다. 그러므로 b) **평가 기준에 문제가 있거나** c) **평가한 고객이 이상한 사람**일 것이다.'

지난번과 똑같이 했다고 똑같은 평가가 나와야 한다는 주장이다. 하지만 고객을 둘러싼 환경이나 고객의 기호는 수시로 변화한다. 다양한 변수가 존재하므로 a) 지난달과 마찬가지로 똑같이 대했다는 주장은 일단 틀렸다. 그리고 나머지 주장은 b) 평가 도구에 대한 문제 제기(측정 도구나 평가 방식)와 c) 고객에 대한 문제 제기(고객은 일관성이 없거나 일부러 악의적인 평가를 하는 사람)다.

두 가지 주장에는 공통점이 있다. '남 탓'이다. 다음 공식을 살펴보면 납득하는 데 다소 도움이 될 것이다.

고객 평가 = 고객의 체험 - 고객의 기대

아무리 조직과 개인이 균일한 품질의 서비스를 제공한다 해도 통제 불가능한 상황적 요인에 따라 고객 평가가 달라진다는 사실을 먼저 이해해야 한다. 상황보다 더 큰 영향을 미치는 것은 고객이 가진 기대치다. 고객이 실제 경험한 서비스 수준이 일정하더라도 고객의 기대치는 점점 높아질 수 있다. 고객의 기대 수준은 평가 결과에 영향을 준다. 처음에는 높은 수준의 서비스였는지 모르지만 시간의 흐름에 따라 두 번, 세 번 동일한 체험이 반복되면 당연한 것으로 느낄 수 있다. 고객이 짜다면 짠 것이다.

| 05 |
프로세스에 답이 있다

성인을 교육하는 데는 어려운 부분이 많다. 개인의 관심 영역이나 취미와 달리 조직에서 의무적으로 받아야 하는 교육 훈련은 효과를 보기가 쉽지 않다. 직무는 곧 매일 하는 일이니 배울 게 별로 없다는 반응도 많고 참가자의 몰입도도 떨어진다.

'알고 있다'는 느낌을 구분해서 살펴볼 필요가 있다. 심리학자들에 따르면 세상에는 두 가지 종류의 지식이 있다. 알고 있다는 느낌은 있는데 남에게 설명할 수 없는 지식과 알고 있다는 느낌을 넘어 남에게 설명할 수 있는 지식이다. 사실은 후자가 진정한 지식이며 활용 가능한 지식이다.

자동차를 타고 가다가 갑자기 차가 섰다. 엔진 후드를 열었지만 아무 조치를 취할 수 없다면 자동차에 대해 모르는 것이다. 그런데 아는 것을 안다고 하고 모르는 것을 모른다고 하기는 어렵다. 직업으로 매일 하고 있는 일이라도 본질에 대해서는 모르는 경우가 있다. 이유나 원리는 모르지만 매일 하고 있다. 자신에게 주어진 일이기 때문에 묻고 따지지 않고 한다.

조직의 관리자라면 직원들에게 보이지 않는 것을 보이도록 만들어주는 능력이 중요하다. 구성원이 암묵적으로 공유한 지식을 명시적으로 활용할 수 있도록 돕는 것이다. 눈에 보이지 않는 업무의 공통 요소를 정리해서 지속적으로 실천할 루틴으로 만들고 루틴을 만들었다면 지속되도록 해야 한다.

　고객과의 거래에는 프로세스가 중요하다. 입력과 출력을 다루는 시스템 이론에는 세 가지의 구성 요소가 있다. 전체 과정에 재료를 투입하면input, 처리(프로세스) 과정을 통해throughput 결과물이 나온다output. 직원의 노력을 수없이 강조하는데도 성과로 이어지지 않는다면 어떤 과정을 통하고 있는지 살펴볼 필요가 있다. 투입과 산출은 눈에 잘 보인다. 반면, 프로세스는 잘 보이지 않기 때문에 우선은 가시적으로 드러나도록 해야 개선을 할 수 있다.

　진정한 고수, 프로에게는 루틴이 있다. 가장 효과적인 프로세스를 사전에 정해두고 그대로만 움직이는 것이다. 그렇게 할 때 가장 적은 자원으로 가장 높은 성과를 얻을 수 있다. 고객과의 거래에도 효율적이고 효과적인 프로세스가 필요하다.

　예를 들어 자동차 판매 과정을 정리하면 다음과 같다. 첫째, 프로세스의 구성 요소를 정리한다. 먼저 얼핏 복잡해 보이는 일의 덩어리를 잘게 쪼갠다. 현상을 분석하려면 복잡해 보이는 것을 단순하게 만들어야 하기 때문이다. 그렇게 차원을 축소dimension reduction해서 소수의 핵심적인 요인을 남긴다. 어떤 요인이 산출에 가장 중요하며, 어떤 요인에 가장 문제가 있을까?

　고객이 전시장을 방문하면 직원은 제품에 대해 설명한다. 고객은 제품인 자동차를 타보고 마음에 들면 계약한다. 만약 직원이 초심자라면 각 단계를 충실하게 수행하는 상태로 만드는 것이 급선무다. 고객 앞에서 매뉴얼을 읊으라는 것이 아니다. 각 루틴을 실행하는 것이 기본이자 가장 효과적인 프로세스임을 인지시키는 것이다.

둘째, 각 단계의 숫자를 추출하는 데이터 수집을 실시한다. 투입에서 산출까지 각 단계의 전환율을 확인한다. 고객 방문이 몇 건, 제품 시연이 몇 건, 시승이 몇 건, 계약이 몇 건, 이런 식이다. 데이터가 쌓이면 방문에서 설명까지 70퍼센트, 설명에서 시승까지 40퍼센트, 시승에서 계약까지 40퍼센트 등 '사실의 숫자'를 알게 된다. 이렇게 관리자가 직원의 프로세스 전환율을 알게 된다. 실제 자동차 판매 과정이라면 최초 방문 고객 대비 10~15퍼센트 수준의 최종 거래 성공률을 보인다.

셋째, 마지막으로 각 단계의 확률을 올리는 방법을 고민한다. 보여지기 시작한 프로세스를 단계별로 강화하는 것이다. 고민을 하면 어디를 고쳐야 할지 알 수 있다. 그렇게 하면 최종적으로 성과가 늘어나는 것을 보게 된다.

현대 프로 야구에서는 데이터로 팀 구성원의 프로세스를 관리한다. 브래드 피트Brad Pitt 주연의 영화 「머니볼Moneyball」은 경제 저널리스트 마이클 루이스Michael Lewis의 저서 『머니볼Moneyball』이 원작이다. 영화는 미국 메이저리그 오클랜드 애틀레틱스 팀의 단장인 빌리 빈Billy Beane의 구단 운영 이야기를 다룬다. 메이저 팀에 비해 자원이 한정적인 그들의 생존 전략은 남들이 주목하지 않은 곳에서 가치를 찾아내는 것이다. 팀은 미신적이고 관습적인 스포츠의 세계에 숫자와 통계 과학을 도입하는 전략을 받아들인다.

큰 팀과 달리 작은 팀은 물량과 자원 공세는 꿈도 꿀 수 없다. 아직 저평가된 몸값이 낮은 선수로 팀을 구성해 성과를 내야 한다. 잠재 역량이 뛰어나고 성장시킬 수 있는 선수들로 팀에 선순환을 불러온다. 이 방식은 '세이

버메트릭스Sabermetrics[10]'로 불리는 조직 경영 관점과 통한다.

　그러나 실제로 기업에서 구성원을 자주 교체하면서 팀 리빌딩을 실시하는 것은 프로 스포츠와 달리 쉽지 않다. 선수 교체가 어려우므로 각 구성원의 프로세스를 분해하고, 사실의 숫자를 추출하고, 개선을 지원함으로써 고객과의 거래에서 높은 성과를 내도록 성장시키는 것이 조직 관리자에게 필수적인 일이다.

　구성원의 프로세스 숫자를 강화하기 위해서 벤치마킹 대상이 되는 고성과자의 데이터와 비교해볼 수도 있다. 벤치마킹이란 조직의 성과를 개선하기 위해 다른 조직의 모범 사례, 서비스 및 제품을 탐색하고 활용하는 행동이다.

　3퍼센트 이내의 핵심 인재와 고성과자는 남들이 모르는 핵심적인 행동을 찾아내고 그 핵심 행동을 원하는 성과를 얻을 때까지 지속해서 반복한다. 프로세스가 보이기 시작했다면 결과로 이어질 때까지 개선 활동을 실시한다.

......

평생 고객 창출 프로세스

　고성과자가 루틴이나 프로세스에 집착하는 이유는 스스로에 대한 동기부여 고민을 할 필요가 없기 때문이다. 인간은 심리의 동물이므로 감정의

10　야구에서 숫자와 통계로 선수 가치를 객관적이고 세밀하게 분석하는 방식이다.

기복(동기)에 휘둘린다. 그러나 반드시 해야 할 일을 정해두고 반복함으로써 심리적인 동기 상태라고 하는 변수의 영향에서 어느 정도 벗어날 수 있다. 세계 최고의 피겨 선수였던 김연아는 매일같이 반복되는 훈련이 힘들지 않느냐는 취재진의 질문에 이렇게 답했다. "생각할 게 뭐 있어요? 그냥 정해둔 대로 하는 거예요." 좋은 프로세스를 만들고 반복하면 성과 창출에 도움이 된다.

기존 고객을 중심으로 하는 재구매repeat customer 활동은 중요하다. 신규 고객보다 훨씬 낮은 획득 비용이 들기 때문이다. 이처럼 고객 감동이 중요하다는 것은 비용적인 측면으로도 설명이 가능하다.

관리 판매(기존 고객을 대상으로 하는 재구매 촉진)가 중요하다면 프로세스로 만들 필요가 있다. 그러기 위해서 재구매 시점부터 거꾸로 역산해봐야 한다. 이상적인 미래 결과물의 이미지를 정해둔 상태에서 거꾸로 시각화하는 단계를 밟으며 최종적으로 지금 해야 할 일을 도출하는 방법론을 '백캐스팅back-casting' 혹은 아마존Amazon 방식으로 유명한 '거꾸로 일하기working backwards' 등으로 부른다.

통상의 '예측forecasting' 방법론은 미래가 어떻게 펼쳐질지 다양한 방법으로 그려보는 것이다. 먼 미래일수록 다른 모습으로 발전될 확률이 높고 경우의 수가 많아서 정확한 예측은 해보지도 못하고 고생이 허사가 되는 일이 많다. 오죽하면 오늘의 삼성을 만든 초격차의 아버지 권오현 전 부회장도 3년 후를 예측할 확률은 70퍼센트, 5년 후는 50퍼센트, 7년 후는 30퍼센트에 지나지 않는다고 했다.

하지만 미래에 원하는 특정 이미지를 확실하게 정해놓고 현재까지 역산하면 불확실성 변수와 상관없이 달성할 확률이 높아진다. 3년 안에 토익

800점을 맞는 것이 목표라면 외부 변수와 상관없이 지금부터 준비하면 달성할 확률이 높아진다.

만약 재구매를 '만들려면' 어떻게 해야 할까? 재구매를 칠판 맨 우측에 적어두고 왼쪽으로 역산하여 내려간다고 생각해보자. 재구매 생각이 없었던 기존 고객은 어떻게 다시 제품을 샀을까? 영업 직원으로부터 제안을 받았기 때문이다. 제안 기회는 어떻게 만들어졌을까? 자동차 같은 내구재는 신품으로 교체하기까지 보통 3~5년 정도 시간이 걸린다. 고객에게 재구매를 제안할 기회가 있다는 것은 그동안 연락을 유지했기 때문이다. 고객과 만날 수 있는 상태였기 때문에 가능했다.

그렇다면 몇 년간 지속적으로 연락을 하기 위해서는 어떻게 해야 할까? 고객 정보를 수시로 업데이트해야 한다. 전화번호, 이메일, 주소 같은 1차 정보는 업데이트되었을 것이다. 나아가 가능한 한 자세한 정보, 예를 들어 고객 혹은 고객사의 2차 정보 같은 것들이다. 가족 변동 사항, 자녀의 성장이나 독립, 이직, 승진 등 다양한 정보가 확인된다면 더 좋다. 만약 회사의 취급 제품이 복사기 등의 사무 용품이라면 고객사가 이사를 간다는 사실을 알게 되었을 때가 제안하기 좋은 타이밍이다. 그러기 위해서 평소 상대의 안부를 물어야 하는 것은 당연하다.

정보를 업데이트할 좋은 계기는 무엇일까? 주기적으로 업데이트나 정기 점검이 필요한 제품이라면 접촉의 계기가 있다. 특히 고객에게 곤란한 상황(제품이나 서비스의 기능 불량, 오작동, 긴급 상황 발생 등)이 발생한 경우 연락을 받을 수 있도록 해두는 것은 꼭 필요하다.

이렇게 재구매 시점부터 거꾸로 짚어왔다면 다시 이 지점부터 재구매 시점으로 되돌아간다. 이것이 재구매 프로세스다. 요약하면, 1단계는 기존 고객에 대한 주기적인 대면·연락·인사하기, 2단계는 변경된 정보 수집과 반영하기, 3단계는 고객의 변경된 정보에 맞추어 제안하기, 4단계는 재구매다.

제안이란 고객이 가진 '니즈에 기반'해 득이 될 정보를 '미리' 안내하는 활동으로 요약할 수 있다. 고객에게 보이지 않던 것을 보이도록 해주는 활동이다. 더 요약하면 다음의 문장으로 상대에게 거래의 이익을 안내하는 것이다.

~할지도 모르니 ~하면 득이 될 수 있다

제안의 각 과정에 있어 단계별 통계를 뽑아서 그 숫자를 개선해나가면 성과가 향상된다. 신규 고객 판매 성과에 변함이 없더라도 기존 고객의 반복 구매가 늘어나기 시작하면 조직 전체의 성과는 높아진다. 이렇게 함으로써 자사 매출의 안정성(질)도 높아진다. 신규 고객 중심의 성장은 시장이 포화 상태로 이행하면 어려워진다. 지속 가능한 비즈니스를 위해서는 기존 고객의 '생애 가치lifetime value'를 높이는 것이 중요하다. 이런 경우 신규 고객보다는 기존 고객에 집중해 성과를 높이려는 전략이 필요하다. 생산 관리에서도 제한 단계limiting step라고 하는 가장 해결하기 어려운 과정을 기준점으로 두고 다른 활동과 프로세스를 거기에 맞춘다. 고객과의 거래라면 가장 어려운 일로 생각되는 재구매 창출에 포커스를 맞추어야 한다.

| 06 |

가격과 가치

상인의 정신과 상업의 역설

장사하는 사람을 상인이라고 한다. 최근에는 소상공인을 칭하는 데 상인이라는 단어가 제한적으로 사용되는 것 같다. 그러나 근본적으로 기업은 상인 집단이다. 상인은 고객의 문제를 해결하기 위해 일하고 고객의 고민 사항을 해결해주고 돈을 받는다. 가치와 가격을 맞바꾸는 것이다. 따라서 위대한 상인과 기업들은 돈을 추구하지 말고 가치를 제안하라고 한다. 한 번 고객은 영원한 고객으로 만들어야 한다. 한 번 팔면 끝이라는 생각은 진정한 의미의 상업에서는 있을 수 없다.

일본 상인들은 길게는 1천 년 이상, 짧게는 100년 이상의 역사를 가지고 있다. 각 상인들은 오늘날 유명한 대기업으로 성장했다. 성장판의 한계를 느끼는 대기업일수록 중요한 것은 이익 창출을 통한 지속 가능성 sustainability 확보다. 상업이 지속되려면 무엇이 필요한지 알아야 하는데, 이것이 '상도商道'다.

상업에도 모범이 되는 본모습이 있다. 일본 근세 에도시대를 살았던 이시다 바이간石田 梅岩은 상도를 '타자존중他者尊重의 사고방식으로 파는 일'이라고 정리했다. 무사에게는 무사도, 상인에게는 상도가 있다. 그는 어려서부터 상업에 종사하며 유학, 불교, 신도[11] 등의 지식을 쌓아 상도를 학문적으로 정립했다.

타자존중이란 거래 당사자인 쌍방이 함께 만족하는 사고방식이다. 한쪽만 만족해도 안 되고 만족하는 시점이 서로 달라도 안 된다. 영어로 win-win이다. 타자존중의 거래에서는 가격을 깎으면 파는 쪽이 만족win할 수 없다. 한쪽이 이익을 포기하면 관계가 지속될 수 없으므로 거래 당사자들이 만족할 만한 좋은 거래를 지속적으로 하는 것이 중요하다. 이시다 바이간은 먼저 주어야 고객으로부터 받을 수 있다고 주장했다. 사랑, 미소, 존중, 인사, 가치 등을 주는 것이다.

일본에서 경영의 신으로 불리는 파나소닉Panasonic의 마츠시타 고노스케松下 幸之助의 경영 이념에 등장하는 사회적 책임의식과 윤리관, 그리고 교세라Kyocera의 창립자 이나모리 가즈오稻盛 和夫의 기본적인 기업관 또한 그 사상에 기초한다.

이시다 바이간 상도의 큰 축을 이루는 것이 '의리합일義利合一'인데, 이익 추구를 도덕성과 결부시켜 상업 전반에 통용될 보편적 가치와 정당성을 주장하는 것이다. 이익 추구는 무겁게 생각해야 하고, 보수를 주는 고객의 마음을 헤아려 가치 있는 상품을 제공하고 성심을 다해야 하며, 부의 주인은 고객임을 잊지 말아야 한다.

그의 주장 중 재미있는 부분이 있다. 고객이 가격을 깎으려 드는 중요한 이유가 상인이 고객을 돈으로 보기 때문이라는 것이다. 250년 전 일본에서도, 500년 전 유럽에서도, 2,000년 전 예루살렘에서도 가격 경쟁은 존재

11 다양한 신을 모시는 일본의 종교다.

했다. 이시다 바이간은 당시 에도시대 일본을 "가격 경쟁이 치열하고 망해 나가는 가게가 속출한다"라고 묘사했다. 고객이 가격을 깎는 근원적인 이유를 이해하고, 이윤 자체를 목적으로 하지 말고 고객 만족을 위한 상업의 부가가치를 만들라고 조언했다.

좋은 물건을 좋은 가격에 제공하는 일 자체에 목적이 있고 그것이 상업이다. 고객 신뢰에 기반한 작은 부가 모여 큰 부를 이룬다. 일확천금이란 없다. 마츠시타 고노스케는 1918년 회사를 창립하고 다음과 같은 회사 강령을 선포했다. "이익은 기업이 세상에 공헌한 것에 대한 보수다."

경영의 3요소는 사람, 상품, 돈이다. 모든 것에서 지지 않을 때 고객은 고마움을 느끼고 좋게 평가한다. 고객의 평가가 곧 보수가 된다. 상업은 단순한 돈벌이나 생활 수단이 아닌 목적이다. 이익을 추구하는 급한 마음이 주객 전도의 상황을 만든다. 고객의 신뢰를 얻기 위한 다섯 가지 요인은 '인의예지신仁義禮智信'이다. '인'은 고객의 생각을 받아들이는 마음, '의'는 사람으로서 바른 마음, '예'는 상대를 존경하는 마음, '지'는 지혜를 상품으로 만드는 마음, '신'은 돈을 빌리면 반드시 갚는다는 약속을 지키는 마음이다.

도덕 군자가 되라는 것이 아니라 단기간의 이익을 추구하지 말고 상대를 이롭게 하라는 것이다. 조직에 필요한 지속 가능 경영을 위한 요소들이다. 여기에는 직업의식과 사명감이 필요하다. 고객의 신뢰가 없으면 사업은 망한다. 가격 할인의 폭을 줄이는 열쇠는 파는 사람이 아니라 바로 고객이라는 점은 상업에서 매우 중요한 지식이다. 가격과 가치는 다르다. 그리고 가치는 가격에 선행한다.

이타적일수록 성공하고 줄수록 성공한다. 받을 것을 생각하지 않아야 성과를 낸다. 마츠시타 고노스케는 장사 방법에 대한 이해가 백만금보다 중요하다고 했다. 그는 판매자 자신이 스스로 제품과 서비스에 감동할 수 있어야 고객도 따라온다고 했다.

줄수록 거래가 번창한다는 말은 이렇게 이해할 수 있다. 가격 할인의 폭을 줄이는 열쇠는 고객이라고 했는데, 이것을 '만족 총량 불변의 법칙'으로 부를 수 있겠다. 고객이 거래 상대에게 가진 잠재적 기대치의 총량은 변하지 않고 유지된다. 기대 총량이 일정하므로 만족감이 높아지면(+) 할인 요구는 줄어든다(-). 반면, 만족감이 낮아지면(-) 고객 기대치를 맞추기 위해 할인 폭을 키워야(+) 한다. 만족감이 덜하면 깎을 수밖에 없다.

[도표 4-3] 만족 총량 불변의 법칙

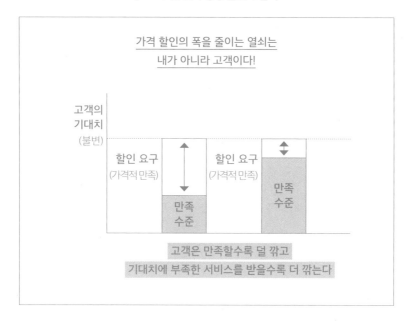

| 07 |
가치의 정당화

다른 기업 사람들과 함께하는 해외 출장 길에서 같은 그룹에 속한 한 남자가 나에게 말을 걸어왔다. 출장 직전에 우리 회사의 자동차를 계약한 고객이었다. 그는 A라는 직원을 아느냐고 물었다. 내가 아는 직원이었다.

그는 H사의 자동차를 사려고 한달이나 고민했으나 혹시나 하는 마음에 기대 없이 네 번째로 방문했던 다른 브랜드 전시장에서 덜컥 차를 구매했다. 직원 응대 태도에 마음을 빼앗겼다고 했다. 제품 면에서는 우리 제품이 절대 열세였다고 했으나 내가 교육 담당이라는 말을 듣고는 직원들을 확실히 교육해주어서 고맙다고 했다.

영업 직원의 태도는 고객의 결정에 '정당화의 기둥'을 세우는 것이다. 고객이 직원의 응대 태도를 보고 구매를 결정한 자신의 결정이 타당하다고 믿기 때문이다. 결론적으로 고객이 직원에게 원하는 것은 가격(돈)도 스펙(상품)도 아니다. 고객은 직원에게 인간적인 면을 기대한다.

아내가 남편에게 자신이 쇼핑한 물건을 가지고 와서 "이거 어때?" 하고 묻는다면 가격이나 스펙을 평가해달라는 의미가 아니다. 아내가 원하는 것은 자신의 결정(구매)을 정당화해주는 남편의 긍정적인 답변이다. "어울려", "예뻐" 같은 말이다. 구매의 정당성을 제공해달라는 의미로 해석하면 된다. 건성으로 대답하면 불호령이 떨어지므로 진심을 담아 잘 샀다고 말해주어야 정당화가 된다.

즉, 고객에게는 구매의 정당화가 중요하다. 잘 샀다는 느낌을 받고 싶어하는 것이 인간이다. 고객이 영업 직원으로부터 원하는 것도 마찬가지다. 고객은 전시장에 들어오기 전에 어느 정도 구매 결정이 되어있는 상태이므로 이미 제품과 스펙, 대략적인 가격도 알고 있다. '나는 잘 샀어'라는 생각을 가지면 돈을 아까워하지 않는다. 고객에게 정당화의 기둥을 세우려는 노력을 하고 선택권을 주는 것이 좋은 거래의 기본이다.

......

'작아 보이는' 가격

가격이 거절이나 망설임의 이유라면 거래 상대에게 확신을 주어야 하는데, 많은 경우 조직이 자신의 제품이나 서비스의 가격에 경쟁력이 없다고 생각하는 것이 문제가 된다. 스스로도 가격에 대한 확신이 없다면 고객을 설득할 수 없다. '높다고 생각하는' 인지적 가격 문제를 해결해야 한다.

고성과 직원은 우리 회사 제품의 가격이 경쟁사보다 높으면 이렇게 한다. 첫째, 경쟁사의 견적이 최종 금액인지 확인한다. 둘째, 견적 조건에 설명이 안 되어있거나 불명확한 사항은 없는지(보이지 않는 영역) 살펴본다. 셋째, 양쪽의 부대 조건, 부가 서비스를 금액으로 환산해 비교를(보이게 만든다) 시도한다. 넷째, 추가적으로 자신 쪽에서 제공 가능한 서비스가 없는지 확인한다. 다섯째, 어떻게 해도 갭을 줄일 수 없을 때 비로소 가격 조정을 검토한다. 고성과자는 가격 조건의 차이를 줄이려는 노력으로 거래를 성사시키려 한다. 가격만으로 다투다 보면 결국 치킨게임으로 끝나기 때문이다.

또한 고성과자들은 가격 조건 협상에 나서기 전에 다음의 두 가지 부가적인 메리트를 거래 상대에게 인식시키고자 노력한다. 우리 회사의 메리트와 본인의 메리트다. 이런 노력이 없다면 '어디서, 누구에게 사더라도' 가격 외에는 완전히 동일하다는 것을 입증하는 셈이기 때문이다. 두 가지 메리트를 입증할 근거를 제시하고 고객이 향후 회사와 본인으로부터 기대할 수 있는 사후의 이미지를 연상하도록 한다. 고객이 직원에게 사는 메리트가 제로라면? 미안하지만 거래는 성립되지 않는다.

포인트는, 가격은 중요하지만 모든 것이 가격에 의해 결정되지 않음을 이해하는 것이다. 물론 극복하기 어려운 조건도 있다. 직원들은 가격이 최우선 협상 조건이라고 믿을지 몰라도 고객은 상품이나 서비스를 들고 오는 사람(메신저)의 부가가치도 중요시한다.

......

깎아서 파는 것은 초등학생도 할 수 있다

일본의 명문 자동차 딜러사의 대표로부터 들은 이야기다. 그는 가격이 모든 것을 결정하는 요인이라면 초등학생도 자동차를 팔 수 있다고 했다. 깎아 팔면 된다는 것이다. 그렇다면—법적으로 허용만 된다면—초등학생이 영업을 해도 문제가 없다. 가격이 싼 것만으로 팔린다면 전시장에 자동판매기를 설치해도 된다. 기계는 먹지도, 자지도, 병에 걸리지도 않고 불평도 하지 않는다. 조직이 가격만 중시하면 부가가치 창출에 소홀해진다는 의미다.

거절 사유는 중요하다. 그것을 극복하면 거래 성사가 가까워지기 때문이다. 고객이 가격 때문에 거절하는 것에는 긍정적인 면이 있다. 구매를 진지하게 생각하고 있다는 것이기 때문에 비싸다는 거절 사유를 댄다. "얼마인가요?"라는 질문은 강력한 '구매 신호buying signal'다.

고객이 '너무' 비싸다고 반응한다면 두 번째로 분명한 구매 신호다. 그런데 거래에 급급한 직원들은 '먼저' 가격 할인을 제안한다. 많은 영업 직원들이 고객이 가격 협상 여부에 대해 묻기도 전에 조정 가격을 협상 테이블에 꺼낸다. 이는 분명 전략적인 실수다.

고객이 거래에 관심이 있는데, 직원이 가격 조정을 언급하면 고객은 직원에게 얼마인지 질문할 기회마저 잃게 되고 남은 건 지루한 가격 협상뿐이다. 의사가 환자에게 물어야 할 첫 번째 질문은 어디가 아픈지 묻는 것이다. "얼마에 해드릴까요?"라고 묻는 의사는 없다. 성형외과나 치과에서 모든 상담 절차가 마무리되고 나서야 비로소 전담 직원이 가격 협상을 시도하는 데는 다 이유가 있다.

......

가격의 착시 현상

비싸다는 말을 듣지 않으려면 비싸 보이지 않게 만들어야 한다. 다행스럽게 가격은 '작아 보이게' 만들 수 있다. 같은 가격이라도 조직의 행동에 따라 고객은 가격을 작게도, 크게도 느낀다.

고객이 가격을 문의하면 우선 양해를 구하고 몇 가지 질문을 통해 상대의 니즈와 욕구, 상태부터 파악해야 한다. 가격 협상에 앞서 고객이 구매에 얼마나 관심이 있는지 파악하고 제품과 서비스의 가치부터 인식시켜야 한다.

고객으로 하여금 제시된 가격이 공정하다고 느끼도록 만들어야 한다. 그렇기 때문에 상대로부터 가격이 높다는 피드백을 받았다면 왜 그 가격이어야 하는지 설명해야 한다. 가격이 공정하지 않다고 느끼는 상태에서는 백약이 무효하므로 변명이 아닌 합리적인 이유를 제시하는 것이 중요하다. 즉, 고객이 가격을 지불하고 얻을 가치를 보여주는 것이다. 상대가 일단 납득하면 작은 Yes가 큰 Yes로 연결된다.

자동차 보험을 예로 들면 고객은 새로 뽑은 차를 보험에 가입할 때 신중하게 가격을 비교한다. 그러나 1년마다 갱신 시점이 도래하면 기존 상품을 그대로 갱신하는 경우가 많다. 몇 년이 더 지나면 현재 가격에 익숙해진다. 물론 매년 새로운 견적을 받는 사람도 있겠지만 현재의 경험이 만족스럽다면 기존 보험회사를 신뢰하게 된다. 재구매 고객의 경우 가격에 덜 민감하다.

따라서 고객은 당연히 가격에 민감하지만 모든 고객이 그렇지는 않다고 생각해야 한다. 고객은 스스로 느끼는 구입 후 가치가 크면 다소 비싸더라도 구매를 한다. 더 비싼 상품을 구매하는 고객의 심리를 이해하는 것이 중요하다. 양복이라면 다소 비싸더라도 오래 입어도 유행을 타지 않고, 사이즈를 늘리기 쉽고, 소재가 고급스러워 품격이 있다 등의 비싼 이유를 설명하면 고객은 납득할 수 있을 것이다.

현장 조직은 고객이 자기 정당화의 기둥을 세우는 것을 도와야지 견적을 내기 위해 존재해서는 안 된다. 그 정도 가치가 있으므로 이 가격이 적절하다는 납득을 구하는 것, 이 과정은 고객이 그래서 가격이 얼마인지 묻는 순간 시작된다.

[도표 4-4] 가격의 착시 현상

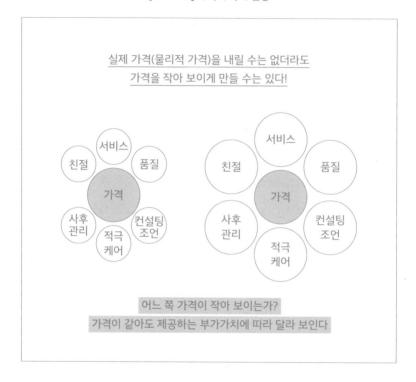

거절을 줄이려면

망설임과 거절

망설임과 거절은 다른 것으로, 거절이 망설임보다 해결하기 어렵다. 망설임은 고객이 아직 더 생각해보고 싶다는 의미이고 거절은 고객을 아직 납득시키지 못했다는 의미. 거래 상대는 직원의 가치를 발견하지 못했거나 경쟁사와의 차별점을 느끼지 못했을 때 거절을 한다.

그렇다면 거래 상대의 확신 부족, 신뢰 부족, 인식된 가치 부족을 전환시켜야 한다. 거절하는 이유를 압축해보면 다섯 가지 정도가 된다. 경쟁사의 가격 우위, 경쟁사의 제품과 서비스 우위, 자금 여력, 구매 타이밍, 주위의 반대다.

고객의 거절을 막기 위해서는 두 가지 방법을 생각할 수 있다. 첫째는 기존 고객의 구입 후 만족도를 입증하는 것이고 둘째는 구입 후 느끼게 될 가치를 증명하는 것이다. 전자는 다른 고객들도 처음에는 불신을 가졌지만 믿고 거래한 후 만족했다는 의미다. 후자는 높은 가격을 지불한 만큼 시간이 지남에 따라 품질이나 신뢰도, 이용의 만족감, 비용의 절감, 편리한 서비스 등에서 가치를 느낄 수 있다는 의미다.

다섯 가지 거절 범주 중 조직이나 개인 수준에서 자주 있었던 사유를 미리 정리해두고 개별 대응 방안을 만들어두면 거절을 줄일 수 있다.

......

가치를 파는 질문

대다수의 직원들이 가격 흥정에 많은 시간을 쓴다. 고객은 빌미가 있으면 가격표를 공격하지만 반대로 빌미가 없으면 공격할 수 없다. 그래서 가격의 정당화가 중요하다. 암으로 죽어가는 환자에게 치료제의 가격은 중요하지 않다. 가격이 정당화되었기 때문이다. 가치가 입증되면 가격은 우선순위가 아니므로 가치에 집중하게 된다.

질문은 상대의 특정 행동을 강화하는 효과가 있다. '질문행동효과 Question-Behavior Effect'라고 하는데, 질문을 받은 것만으로 상대는 머릿속에 떠오른 특정한 행동을 연상하고 미래에 실행으로 옮기려는 경향을 갖는다. 따라서 질문자는 긍정적인 질문을 해야 한다. 만약 단 두 가지만 질문할 수 있다면 이런 질문이 좋다.

첫째, 왜 이 제품이나 서비스를 사려고 하는지 묻는다. 니즈 파악 질문으로, 거래 상대가 두서없이 질문을 늘어놓기 전에 주도권을 쥘 수 있다. 질문을 받은 사람은 답을 하려고 노력한다. 타인에게 합리적이고 이성적으로 보이고 싶은 욕구 때문에 가능한 한 정돈된 대답을 내놓으려 하는 것이다. 대화를 통해 무엇 때문에 구매를 고려하는지 밝혀갈 수 있다. 고객은 진정 자신이 원하는 것을 모를 때가 있다. 고객의 진의가 확인되면 그 후에 비로소 제품과 서비스의 가치를 확인시키면 된다. 내구성을 원한다면 내

구성에 대한 설명과 함께 충분히 가치가 있는지 상호간에 확인하는 작업이다. 이렇게 가격에 대한 공격 빌미가 줄어든다.

둘째, 이 제품이나 서비스를 사지 말아야 하는 사람이 누구인지 알아보는 것으로, 고객이 답변을 하면 자신이 그런 사람에 해당되는지 묻는다. 조직이 거래하는 제품이 한복이라고 가정해보겠다. 한복을 입으면 안 되는 사람이 누구인지 물었더니 상대가 남성이라고 답했다. 직원은 한복은 남성에게도 여유와 멋을 제공한다고 대답할 수 있다. 또 상대가 활동적인 사람에게는 한복이 불편할 거라고 말한다면 직원은 한복의 활동성을 강조하면서 메리트를 설명할 수 있다. 이번에는 한복은 옷에 돈을 아끼는 사람은 입을 수 없다는 결론이라면 고객이 그 부류에 해당되는지 확인한다. 대답이 "NO"라면 거절 사유는 확실히 줄어들었다. 제품의 가치는 입증되었고 가격을 공격할 이유는 사라졌다. 암환자에게는 약값을 묻지 않는다.

추가적으로 제품과 서비스의 세부 선택지까지 제공하면 거절은 더 줄어든다. 인삼이 거래 대상이라면 홍삼, 수삼, 진액, 절편, 분말 제품으로 선택지를 좁힌다. 고객이 홍삼에 관심이 있다면 관련성 있는 다른 선택지에 대한 관심도 확인한다. 그럼에도 고객이 "아니요. 저는 홍삼에 관심 있어요"라고 한다면 집중도가 높아졌다. 가장 좋지 않은 것은 다른 경쟁 브랜드나 대체 건강식품을 떠올리도록 하는 것이다. 지금 영역 안에서 논의를 집중하는 것이 좋다.

조직이 거래에서 성과를 내려면 가치 전달에 집중해야 한다. 가격은 바꿀 수는 없지만 작아 보이게 만들 수는 있다. '물리적 가격'을 '인식의 가격'으로 바꾸는 것이다. 고성과 조직과 구성원은 가격을 내리는 것이 자신의 가치를 깎는 일이라는 것을 알고 있다. 가격을 내리면 상호 이익에 기여하지 않는다. 할인을 해주었음에도 구매자의 만족도가 높지 않은 경우가 있는데, 이는 가치에 대한 충분한 인식 과정 없이 바로 가격 협상으로 넘어갔기 때문이다. 가치만큼 높은 가격을 냈다고 생각하면 오히려 만족한다.

가격을 많이 깎아도 소용이 없는 이유는 일정 포인트를 넘어서면 만족감이 할인에 비례해 커지지 않기 때문이다. 행동 경제학으로 노벨 경제학상을 수상한 심리학자 대니얼 카너먼Daniel Kahneman은 '전망이론 Prospect Theory'에서 세 가지 인간의 특성을 제시했다. '준거 의존성reference dependency', '민감도 체감diminishing sensitivity', '손실 회피risk aversion'가 그것이다. 준거 의존성이란 인간은 절대적 변화가 아닌 상대적 변화에 민감하며 준거점을 어디로 잡느냐에 따라 대상에 대한 평가가 달라진다는 것이다. 가격 할인이 흔한 일이라면 가격 할인의 만족감은 상대적으로 작다. 다음으로 민감도 체감은 한계효용 체감을 의미하는데, 이익이나 손실 액수가 커짐에 따라 민감도는 감소한다. 돈을 아주 많이 벌거나 아주 많이 잃으면 감각이 없어지는 것과 같다. 손실 회피는 이익에서 얻는 효용이나 기쁨은 손실보다 상대적으로 작음을 말한다. 따라서 가격 할인의 효과는 제한적일 수 있다.

그러므로 가격이 문제일 때도 가격 할인보다 기본에 충실해야 한다. 가장 싼 가격 대신 믿을 수 있는 곳에서 좋은 상품과 서비스를 투명하게 사고 싶다는 인간의 기본적인 욕구를 충족시키려는 노력이 거래 성과를 만든다.

[도표 4-5] 고객 만족과 비용

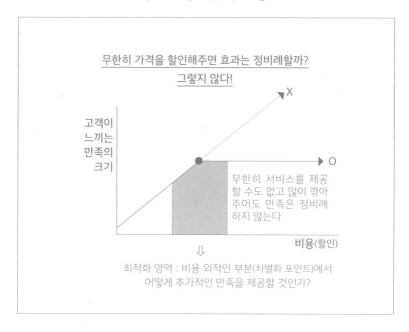

무한히 가격을 할인해주면 효과는 정비례할까?
그렇지 않다!

X

고객이
느끼는
만족의
크기

O

무한히 서비스를 제공
할 수도 없고 많이 깎아
주어도 만족은 정비례
하지 않는다

비용(할인)

⇩

최적화 영역 : 비용 외적인 부분(차별화 포인트)에서
어떻게 추가적인 만족을 제공할 것인가?

| 09 |

성과의 방정식

활동량과 활동의 질

찾아오는 고객만 기다리지 않고 원하는 만큼 성과를 내는 것은 가능하다. 야구에서 이기기 위해서는 안타를 많이 쳐야 하는데, 거기에는 두 가지 방법이 있다. 더 많은 타석에 들어가는 것과 타율을 올리는 것이다.

야구에서는 사실상 더 많은 타석에 들어갈 방법이 없지만 거래에서는 타석(상담) 증가, 타율(계약률) 증가, 그리고 타석과 타율 동시 증가도 가능하다. 성과는 타석에 타율을 곱한 것이다.

$$안타 = 타석 \times 타율$$

성과를 높이기 위해서는 거래를 '만든다'는 생각이 무엇보다 중요하다. 거래를 만들기 위해 조직과 직원은 고객이 오기를 기다리다 기회가 '생기면' 상담한다. 만약 어떤 직원이 한 달에 50회의 상담(타석)을 할 수 있었고 그중 5건에서 계약 성과를 냈다면 비율(타율)은 50타석 5안타로, 1할 타자다.

그렇다면 평균적으로 그 직원은 앞으로도 월 50건의 상담을 할 것이고 10퍼센트 정도의 성과를 낼 것으로 가정할 수 있다. 성과를 더 높이려면 어디에 추가 타석이 존재하는지 생각해야 한다. 주도적으로 고객을 찾기 위해 판매 촉진책도 좋고 시장 확대 전략을 실행해도 좋다. 그러나 가장 쉬운 방법은 역시 기존 고객을 재확인하는 것이다.

기존 고객은 관계가 있기 때문에 구매 의사를 묻기 쉽다. 야구로 말하자면 손댈 수 없는 강속구가 아니라 수비 연습용으로 보내주는 펑고fungo, 바로 노크볼knock ball이다. 기존 고객 리스트에서 25건의 거래 기회를 찾아낼 수 있으면 성과 방정식이 변한다.

(신규 고객 상담 50건 + 기존 고객 상담 25건)

× 타율 10% = 7.5건

5건에서 7.5건으로 성과가 오르면 50퍼센트의 성과 향상이다. 그러나 가용 자원(시간)은 한정적이므로 타석을 무한히 늘릴 수는 없다. 그렇다면 타율 향상을 고려할 수 있다. 타율을 1할에서 2할로 올리기를 검토하는 것이다. 타율까지 올릴 수 있으면 5건의 기존 성과에서 15건으로 200퍼센트의 성과 향상을 기대할 수 있다.

(신규 고객 상담 50건 + 기존 고객 상담 25건)

× 타율 20% = 15건

[도표 4-6] 타석과 타율의 향상

	타석 (상담 횟수)	X (상담 과정)	타율 (클로징)	= 	안타 (판매)	
신규 판매	상담 50	X	10%	=	판매 5	⇨ 보통 사람은 여기서 끝
기존 고객	(+추가) 기회 25	X	(+추가) 20%	=	(+추가) 판매 5	⇨ 기존 고객 으로 판매 를 만들어 내는 영역
합계	상담 75				판매 10	
	(1) 어프로치	(2) 니즈 파악	(3) 클로징			
	기존 고객을 통해 최대한 상담 횟수 늘 리기	고객의 니즈 를 사전에 파 악한 후 제안 하기	고객의 거절 사유를 사전 에 파악해 시 뮬레이션하기			

기다리지 않고 만드는 거래, 어떻게 만들까?
야구로 생각해보면 공식은 다음과 같다

......

성과는 숫자로 표현된다

성과가 수식으로 표현된다면 더 많은 투입은 더 많은 산출에 도움을 줄 것이다. 보험업 최고의 영예인 MDRT 및 TOTTop of the Table의 멤버이면서 회장을 역임한 영국의 토니 고든은 성과는 숫자 문제라고 주장했다. 위대한 교향악도 1개의 음표로 시작하듯이 고객 방문 없이는 결과도 없다.

그는 저성과자에게 하루에 몇 개의 타석을 만들고 있는지 스스로에게 질문하라고 조언한다. 어떤 일이 있어도 하루 5개의 타석을 만드는 노력을 하라고 하는데, 이러한 원칙이 지속적인 성과의 비밀이라고 했다. 그는 MDRT 회원들은 보통 직원에 비해 2배의 성과를 내고 상위 TOT 회원들은 MDRT 회원의 2배의 성과를 낸다고 했다. 그렇다면 TOT 회원들이 평균 대비 4배의 타석을 만든다고 볼 수 있다. 그는 조직의 안정적인 성과는 거래 금액이 아닌 '거래의 숫자'에서 온다고 봤고 성과는 단순히 타석과 타율의 곱셈이라고 설명했다.

월 스미스Will Smith 주연 영화 「행복을 찾아서*The Pursuit of Happiness*」의 실제 주인공 크리스 가드너Chris Gardner는 노숙자 출신으로 자수성가한 월스트리트의 전설이다. 증권회사에 무급 인턴으로 입사해 6년 만에 자신의 회사를 차려 큰 기업으로 키웠다. 인턴 60명 중 1명에게 입사 기회가 주어지는 상황에서 그는 포춘Fortune 500대 기업의 연락처, 전화, 책상만 가지고 활동했다. 활동량을 늘리기 위해서는 시간을 남들의 몇 배로 사용할 수밖에 없었다. 그 원칙은 다음의 네 가지였다. 수화기를 내려놓지 않을 것(하루 8분 확보), 물을 마시지 않을 것(화장실 가는 시간 확보), 하루 200명의 고객에게 연락할 것, 고객이 부르면 즉시 달려갈 것, 네 가지다. 그는 20분 만에 오라고 하는 고객에게도 달려갔다. 기본 루틴의 반복은 평범함이 비범한 성과를 끌어내도록 하는 요인이다.

어느 자동차 회사에서는 다음과 같이 체계적인 활동 관리 체계를 직원에게 교육한다. 우선 직원이 활동 계획을 가지고 있는지 확인한다. 없다면 활동 계획을 만들도록 한다. 관리자는 직원의 거래 결과에만 관심을 두지 않고 활동 계획에 집중한다. 관리자가 특히 자세히 살피는 것은 활동량이다. 하루가 쌓여서 한 주, 한 주가 쌓여서 한 달이 된다. 하루 계획이 명확하지 않은 사람은 한 달이 지나도 좋은 결과를 만들지 못한다.

활동에 집중하지 않고 최상위 HOT 고객과 계약에만 힘을 쏟는 것은 '기다리는 거래'다. 고객이 나타나기를 기다리는 것이다. '만드는 거래'에 집중하려면 사전 1~4단계가 더 중요하다. 활동 계획이 수립되고 지켜지면 자연히 성과는 늘어난다. 고성과자는 결과보다 활동 계획에 많은 힘을 쏟는다. 철저하게 계획하고 계획한 바를 그대로 실천한다. 고성과자 중에는 그날의 활동량이 채워지지 않으면 퇴근하지 않는다는 원칙을 가진 사람이 많다.

관리자는 과거의 직원 타율 데이터를 바탕으로 활동 계획을 살펴보면 그 달의 거래 실적을 예측할 수 있다. 피라미드 활동 각 단계에 숫자를 대입하고 활동량을 늘리고(피라미드 밑변 폭), 활동을 지속한다(세로 프로세스 유지). 신규 고객 활동이 부족하면 기존 고객을 중심으로 활동을 보충한다. 이탈리아 속담처럼 벽을 향해 스파게티를 던지다 보면 하나는 벽에 붙는다.

[도표 4-7] 거래 창출 프로세스의 시각화

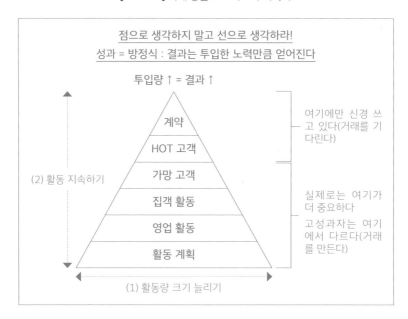

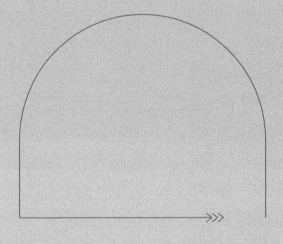

EXCHANGE

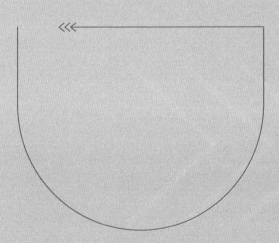

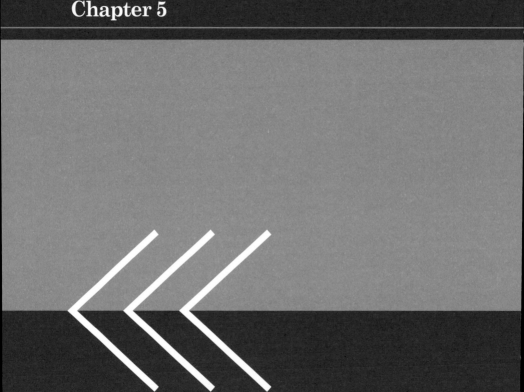

Chapter 5

거래의 스킬

| 01 |
프레이밍효과

동일한 혜택을 다르게 느껴지도록 만드는 행동

태도와 지식을 뒷받침하는 것이 행동과 스킬이다. 행동과 스킬은 거래 성과의 차이를 가져온다. 동일한 혜택이라도 전하는 방법과 시점에 따라 효과가 크게 달라지고 만족감의 크기도 달라진다. 만약 줄 것이 있다면 전략적으로 전달해야 한다. 조직심리학자 애덤 그랜트는 상호 교환관계에서 가능하면 똑똑한 '기버Giver'가 되라고 조언한다.

주려면 남들보다 먼저 주는 것이 좋다. 또한 일단 준 것에 대해서는 가치를 설명해주는 것이 좋다. 미국의 어느 초등학교에서 시험이 있었는데, 문제는 '주다give'의 미래형은 무엇인가 하는 것이었다. 대다수가 will give라고 적었는데, 한 아이는 '받는다take'라고 적었다. 신약성경의 누가복음 6장 38절 말씀은 이렇다. "주라. 그리하면 너희에게 줄 것이니 곧 후히 되어 누르고 흔들어 넘치도록 하여 너희에게 안겨주리라Give, it will be given to you."

하나 주고(-) 하나 받는 것(+)만 생각한다면 경기는 제로섬zero sum이다. 그러나 마음을 열면 결과적으로 준 것 이상을 받아 전체 가치가 더 커지는 플러스섬plus sum 게임으로의 반전도 기대할 수 있다.

먼저 주는 프레이밍framing은 협력과 사회적 연결을 촉진한다. 그리고 거래 성사의 확률도 높일 수 있다. 어느 부부가 자녀의 가구를 사러 백화점에 갔다. 가격은 생각보다 비쌌고 조건을 따져보고 자리에서 일어났다. 부부는 동일한 브랜드의 다른 매장을 한 번 더 방문하기로 했고 상담을 받아보니 구입 조건에 차이가 없었다. 가격 할인을 요청해봤지만 매니저는 신상품이라 할인 조건이 없고 다른 전시장도 마찬가지라고 했다. 재고가 빨리 소진되고 있다며 구입을 재촉했고 가격 할인 대신 자체적으로 준비한 사은품 이야기를 했다. 사은품은 백화점에서 판매 중인 제품으로, 상당한 가격의 제품이었다. 부부가 계약을 결정하고 금액을 지불한 후 매장을 나서는데, 매니저가 선물을 차에 실었다. 부부는 나중에 가구가 도착하면 달라고 손사래를 쳤지만 한사코 넣어주었다. 그런데 집에 와서 자녀의 방을 실측해보니 주문한 가구가 맞지 않았다. 전화를 해서 가구 크기를 바꿔야 한다고 하니 매니저가 즉시 주문을 변경해주었으며 줄어든 비용만큼 회사로부터 이미 차액 입금도 완료되었다.

결과적으로 고객 입장에서 취소하기 어려운 거래가 되었다. 직원은 혜택을 먼저 주고 주문 취소를 어렵게 만들었다. 먼저 받은 사람은 거절하기 어렵다는 사실을 잘 알고 있는 것이다.

이런 전략은 효과가 있다. 기업들이 반복 구매를 창출하기 위해 활용하는 포인트 적립 시스템은 고객의 이용 빈도를 높인다. 고객들은 부가 혜택에 민감하기 때문에 혜택의 크기를 정확히 인식하지 못하더라도 서비스나 제품에 호감을 가지게 된다.

만약 100마일리지를 적립하면 무료로 열차를 이용할 수 있다고 가정해보겠다. 첫 번째 방법은 0마일리지로 시작해 100마일리지를 채우도록 하는 것이고, 두 번째 방법은 먼저 10마일리지를 적립해주고 110마일리지를 채우도록 하는 것이다. 효과가 높은 것은 후자다.

자동차의 잔여 연료 표시 게이지는 처음에는 천천히 줄다가 나중에는 빨리 줄어든다. 게이지가 처음에 빨리 줄다가 나중에 느려지도록 할 수도 있지만 고객은 전자의 경우 더 높은 가치를 느낀다. 주유한 지 얼마 안 지났는데, 연료가 빨리 줄어든다면 상실감이 크기 때문이다. 연료가 천천히 소모되는 것 역시 혜택을 '먼저 주는' 프레이밍이다.

[도표 5-1] 제로섬에서 플러스섬으로

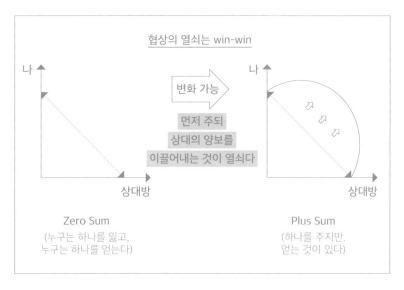

고객의 구입에 복수의 이익이 따르는 경우를 생각해보자. 혜택은 한번에 주는 것이 좋을까, 순차적으로 나누어 주는 것이 좋을까? 복수의 이익이 있다면 나누어 제공하는 것이 효과적이다.

40퍼센트의 할인이라면 한번에 주는 것보다 이렇게 10퍼센트, 저렇게 10퍼센트, 여기에 이런 노력을 더해 10퍼센트… 최종적으로 40퍼센트까지 할인이 가능하다고 말하는 편이 혜택이 크게 느껴진다. 패밀리 레스토랑에서 비슷한 경험이 있을 것이다. 이런저런 (판매자의) 노력을 합쳐서 최적의 할인을 얻었다는 사실을 어필하면 고객의 성취감도 커진다.

고객의 지출에 대해서도 전략적 접근이 필요하다. 뇌는 지출에 고통을 느낀다. 여러 번의 손실(지출)이 발생하면 합해서 한번에 지출하도록 하는 것이 좋다. 이익을 얻는 상황과는 반대다. 고통을 한번에 끝내야 한다.

1천만 원의 비용이 발생하는 경우 "다 합해서 1천만 원입니다"와 "차량가격 700만 원, 옵션 가격 200만 원, 부대비용 100만 원, 이렇게 총 1천만 원입니다"라고 말하는 것 중에서는 첫 번째 어프로치가 고객에게 좋다. 테마파크에서 입장권과 기구이용권을 따로 사는 사람은 많지 않다. 기구를 몇 개 타지 못하더라도 자유이용권을 구입하는 경우가 많다. 이처럼 만족감을 키우고 손실에 대한 불안을 줄이는 것은 중요한 거래의 스킬이다.

......

보유효과를 활용한 옵션 프레이밍

옵션이 다양한 제품의 경우 가격을 정하는 두 가지 방법이 있다. '옵션 프레이밍' 기법이라고 하는데, 최저 사양에서 가격이 점점 올라가는 '가산적 방식additive option framing'과 최고 사양에서 가격이 점점 내려가는 '차감적 방식subtractive option framing'이 그것이다. 어느 쪽의 상담이 효과적일까? 연구 결과는 고객이 상담 시 느끼는 '보유효과Endowment Effect[12]'에 의해 자동차의 최종 판매 가격이 달라질 수 있음을 보여준다.

즉, 직원이 정보를 제시하는 방법에 따라 판매 가격을 높일 수 있다는 것이다. 연구는 자동차의 기본 사양을 먼저 제시하고 고객이 원하는 옵션을 추가해나간 경우와 최고 사양을 먼저 제시하고 고객이 원치 않는 옵션을 제거하는 경우를 비교했다. 결과적으로 가산적 지불 그룹은 14,451달러, 차감적 지불 그룹은 15,361달러에 구매를 결정했다. 두 그룹 간에 약 910달러(약 100만 원)의 가격 차이가 생겼으며 차감적 지불 그룹이 더 많은 돈을 냈다.

보유효과에 의한 지불 결정에 차이가 생겼다. 최고 사양에서 상담을 시작하면 고객은 '나는 풀 옵션 상태의 자동차를 보유하고 있다'라고 무의식적으로 인지한다. 고객은 아직 지불은 하지 않았지만 옵션들이 이미 본인의 것이라고 느낀다. 따라서 옵션을 차감할 때마다 상실감을 느끼게 된다. 반면, 기본 차량의 본체에서 상담을 시작하면 고객은 추가 지불을 해야 한다고 생각하므로 '옵션들은 나의 것이 아니다'라고 느낀다. 이성적인 판단을 앞세우므로 낮은 가격의 구매 결정을 우선시한다.

상대가 가진 손실과 이익에 대한 기본적 심리를 활용하는 것도 거래를 결정하는 중요한 요인이다.

---

12 구매하려는 제품이나 서비스를 이미 보유한 것처럼 느끼는 심리다.

소비에 의미를 부여하라

영화 「스타워즈Star Wars」 오리지널 시리즈 중 '제다이의 귀환' 편에 다음과 같은 장면이 나온다. 주인공 루크 스카이워커가 다스 베이더에게 이렇게 말한다. "당신 안에 아직 선함이 남아있다는 걸 알아. 당신 안에는 선한 것이 있어. 나는 느낄 수 있어." 다스 베이더는 고뇌에 빠진다. 실제로 좋은 사람이 아니더라도 이런 말을 들으면 '착하게 행동해야 할 것 같은 기분'을 느끼게 된다. 이를 심리학에서 '라벨링효과'라고 하는데, 상대방에게 딱지를 붙이는 것이다.

이것은 사회적 기업에서 활용하는 소구 방식이다. 고객의 소비에 의미를 부여하는 것으로, 구매에 정당성을 부여하면 고객이 움직일 확률이 높다. 고객은 원하는 제품과 서비스를 구입하면서 친환경 소비, 저개발 국가에 대한 지원, 지역사회에 대한 기부 등의 좋은 일도 할 수 있다.

대체 불가능성과 메리트

스스로 메리트를 물어보라

가치는 대체 불가능성irreplaceability이 있을 때 극대화된다. 테슬라의 창업자 일론 머스크가 2002년 로켓 회사인 스페이스XSpaceX를 설립했을 때부터 밤낮으로 그를 보좌했던 비서 메리 배스 브라운Mary B. Brown은 머스크가 일에만 집중할 수 있도록 도왔다. 10년이 넘도록 그를 보좌하던 브라운은 자신을 고위 임원에 임명해달라고 요청했고 그럴 만한 가치가 있다고 주장했다. 머스크는 승진에 대해 판단해볼 테니 2주간 휴가를 다녀오라고 했다. 2주 후 브라운이 복귀하자 머스크는 그녀에게 해고를 통보했다.

사업가의 냉정한 면모를 보여주는 일화다. 머스크가 2주 휴가를 권장한 이유는 브라운의 주장처럼 그녀가 대체 불가능한 인력인지 테스트해보기 위함이었다. 브라운이 없어도 회사의 핵심 업무가 잘 돌아간다는 것을 파악한 그는 브라운의 승진이 불필요함을 깨달은 것이다.

거래 성과를 올리기 위해서는 대체 불가능성에 집중해야 한다. 고객은 왜 당신과 거래해야 하는가? 고객에게는 많은 선택권이 있다. 사회생활을 해본 사람이라면 누구나 입사 면접의 경험이 있을 것이다. 짧은 면접 시간 안에 자신을 어필해야 한다. 문제 해결 능력을 입증해야 할 때도, 임기 응변 능력을 발휘해야 할 때도 있다. 구직자는 면접관들에게 좋은 인상을 주기 위해 최대한 노력한다. 자신을 뽑아주면 조직에 꼭 필요한 인재가 되겠다고 약속한다.

그런데 갑작스런 질문이 나올 수 있다. "우리 회사가 왜 당신을 뽑아야 하죠?"라는 질문이다. 많은 구직자들이 "저를 뽑아주시면 ○○하겠습니다"라고 대답한다. 하지만 질문의 속뜻은 입사하면 어떻게 할 것인지가 아니라 '왜 당신을 뽑아야 하느냐'다. 그렇다면 대답은 '○○한 이유로 회사는 나를 뽑아야 한다'가 되어야 한다.

고객과의 교환관계에 대입해보자. '나와 거래하면 ○○하겠다'가 아닌 '○○하기 때문에 나와 거래해야 한다'가 되어야 한다. 이것이 '나에게 사는 이유'이자 '나와 거래하는 메리트'다. 거래의 메리트를 설명할 수 있도록 답변을 정리해두고 언제든 꺼내서 사용할 수 있어야 한다.

......

나에게서 사야 하는 이유 = 메리트

메리트(이득)가 없으면 거래 상대는 나에게 사지 않는다. 메리트가 있어야 나의 이야기를 들어주고 납득해준다. 납득이 되어야 비로소 살까 말까를 고민하고 나에게 살 이유가 많다면 구매의 정당성이 부여된다. 성과가 높은 직원은 '저에게 사신다면' 대신 '사야 하는 이유'를 댄다.

차별화는 남에게 없고 나에게 있는 것을 추구하는 것이다. 작은 것이라도 차별화 포인트가 될 수 있다. 그러나 앞에서 살펴본 바와 같이 거래 3요인

중 상품 혹은 돈에 집중하는 것으로는 차이를 만들기 어렵다. 따라서 사람, 즉 나에게서 사는 메리트에 대한 고민은 아무리 해도 지나치지 않다.

백화점에서 물건을 사는 데는 이유가 있다. 동일한 물건을 다른 곳에서도 살 수 있지만 백화점에서 사는 일은 더 '기분 좋게' 느껴지기 때문이다. 다른 곳에 없는 분위기, 인테리어, 응대가 있다면 백화점에서 사야 할 이유가 된다.

전라북도 군산에는 기차마을이 있다. 1940년대 마을 한복판에 세워진 아주 짧은 구간을 이동하는 화물 운송 선로 주위로 상점들이 들어선 것이다. 관광객이 몰리면서 교복 대여점 같은 추억을 판매하는 상점들이 생겼다. 이어서 비슷한 상점들이 계속 들어서면서 가격 경쟁이 시작되었다. 임대료와 권리금이 상승하고 수익이 낮아지면서 폐점이 이어지고 경쟁력을 갖춘 상점만 살아남았다.

살아남은 교복 대여점에는 차별화 요소가 있다. 교복 외에도 촬영을 위한 소품을 제공하고 서비스로 전문가가 사진을 찍어주는데, 사진관 못지않다. 또한 직원이 뛰어나와 고객 뒤에서 비누 방울을 날려 분위기도 살려준다.

성과를 높이는 방법 중 하나는 '나에게서 사는 메리트'를 준비해두는 것이다. 자동차 구매를 고려 중인 가망 고객에게 현재 타고 있는 차량은 구매 후 얼마나 지났는 지 묻자 5년이라는 답변이 돌아왔다. 판매했던 담당 직원은 여전히 차량을 관리해주는지 묻자 고객은 아니라고 했다. 그리고 직원이 말한다. "저는 지난 7년간 전시장에 차량 정기 점검차 방문하신 모든 기존 고객에게 대면 인사를 드렸습니다. 차를 판매하는 것에 그치지 않고 고객의 사후 서비스 모든 장면에 함께하는 것이 제 원칙입니다." 이런 말을 들으면 고객은 직원을 신뢰할 수 있는 사람으로 생각한다.

핵심은 '안심감'과 '구매 시 즐거움'이다. 고객이 원하는 것은 '믿고 살 수 있는 상황'이다. 안심감을 주기 위해서는 제품과 서비스를 고객에게 전달하는 '사람'이 중요하다.

구매 외 부가적 조언, 연관 상품 지식, 어느 상품이나 구매 방식이 도움이 되는지 알려주는 맞춤형 컨설팅, 장기 근속자로서의 신뢰, 많은 고객 숫자, 고객 비즈니스 업종에 대한 조언이나 네트워킹, 사후 관리의 강점, 하다못해 경험은 일천하므로 고객에게만 집중할 수 있다는 긍정 마인드 어필조차 나에게 사는 메리트가 된다. 고성과자는 본인에게 사는 메리트를 전달하며 대체 불가능성을 강조한다. 입증을 위한 자료나 근거도 준비한다. 자격증, 학력, 고객 관리 파일이나 고객과 찍은 사진첩 등이 그 근거다.

나에게 사는 메리트 외에 조직의 메리트도 강조할 수 있다. 같은 제품과 서비스를 제공하더라도 차별화 포인트는 있다. 뛰어난 인적자원의 배치, 수상으로 입증된 퀄리티 서비스, 훌륭한 시설, 부대 서비스, 거리적인 이점, 오랜 업력, 고객 위주의 편의 시설 등 조직이 제공하는 안심감과 즐거움에 대한 이미지를 제공하면 성과를 높일 수 있다.

……

평생 고객 창출

경쟁자를 앞서는 지름길은 기존 고객 중심의 활동이다. 신규 고객 획득에만 목숨 걸지 말고 다이아몬드 광산처럼 발밑에 펼쳐진 기존 고객의 영역으로 시선을 돌려야 추가적인 성과를 올릴 수 있다. 브랜드 가치가 높은 애플이나 테슬라 같은 기업에 대한 기존 고객의 지지는 경쟁사보다 훨씬 높다. 고객과의 관계를 한 번으로 끝내지 말고 지속적으로 자사 제품과 서비스의 팬이 되도록 관리해야 한다. 기존 고객은 가격보다 관계를 우선시하거나 가격에 덜 민감할 확률이 높다. 또한 거래에 만족하면 주위에 소개도 해주며 다양한 시장 정보에도 덜 민감할 수 있다.

그렇다면 현장 조직은 기존 고객을 중심으로 어프로치, 니즈 파악과 확인, 클로징의 단계를 거쳐 성과를 높여가야 한다. 고객과의 거래 성사는 끝이 아니라 새로운 시작이다. 고성과자는 거래 완료 시점부터 다음 거래를 준비한다. 다음 타석, 즉 어프로치 시점까지 활동을 준비하는 것이다. 변화하는 고객의 니즈를 사전에 파악하고 다음 제안을 준비해야 한다.

이러한 기존 고객 중심 활동을 '관리 판매'라고 부른다. 관리 판매는 기존 고객을 재구매 고객repeat customer으로 만드는 조직적인 활동이다. 신규 고객은 언제 어느 시점에 나타날지 예측하기 어려우므로 통제 불가능 요인이다. 성과 예측이 어렵고 경쟁사 조건이나 할인 등 환경적 요인에 큰 영향을 받는다. 반면, 기존 고객은 어프로치, 니즈 파악과 확인, 클로징 사이클을 통해 성과 예측이 상대적으로 용이하다. 기존 고객의 재구매는 계획을 통해 '만들어낸' 결과다.

관리 판매에는 또 다른 장점이 있다. 신규 고객 위주로 성과 포트폴리오가 구성된 경우보다 실적의 변동 폭이 줄어든다. 즉, 조직이나 개인 차원에서 안정적인 경영 예측이 가능해진다.

신규 고객의 유입은 통제할 수 없지만 조직이나 개인이 보유한 기존 고객에 대한 자발적인 활동은 통제가 가능하다. 기존 고객에 집중해 고객들이 더 만족하도록 함으로써 지갑을 여는 상태를 강화해야 한다. 즉, '고객 생애가치Customer Lifetime Value; CLV'를 높여야 한다. 위대한 사람은 평범한 상식을 지닌 단순한 사람이다. 기존에 하고 있는 일의 아주 사소한 일부터 완벽히 하는 것이 중요하다.

[도표 5-2] 기존 고객 중심 거래의 성과 안정성

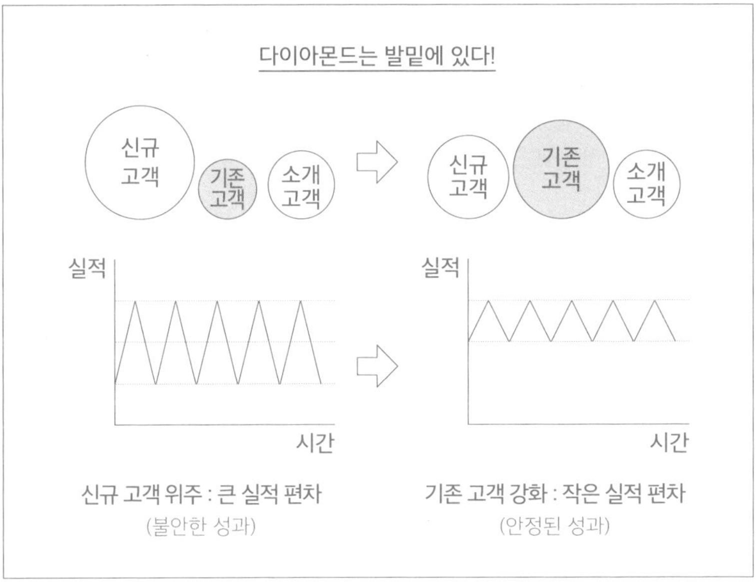

| 03 |
거래 제안의 방법

욕구를 끌어올린다

시간은 유한하므로 효율적으로 사용해야 할 핵심 자원이다. 그러나 거래 성사에 마음이 급하면 상대에게 일방적 주장만 하게 된다. 핵심을 제시하지 못하고 주절대기 쉽다. 성과를 내려면 효율적인 거래를 추구해야 한다. '생산성이 높다', '효율적이다'라는 말은 남들과 똑같이 주어진 시간 속에서 더 높은 성과를 낸다는 의미다.

타석과 타율 관점은 여전히 유효하다. 동일한 시간 안에 많은 거래 타석을 만들려면 시간을 효율적으로 활용하고 경쟁보다 많은 상담이나 제안을 해야 한다. 타석 관점에서는 1건의 거래에 시간을 덜 쓰는 방법을 생각할 수 있다. 바로 거래에 제한 시간을 두는 것이다. 1건의 거래 실행에 2시간이 걸린다면 1시간으로 목표를 잡고 실행한다. 그러면 2배의 타석에 들어갈 수 있다. 타율 관점이라면 성과를 내는 것을 목표로 고객과 상담해야 한다. 목적은 거래를 성사시키는 것이다. 실제로 '설명만' 하고 타석을 끝내는 경우가 많은데, 이러지 말고 소위 상대의 '어깨를 밀어야' 한다. 최소한 상대의 의견을 들어는 보고 타석을 마무리해야 한다. 상담은 수단이고 성과는 목적이다. 대화는 성과가 아니다Telling is not Selling.

전설적인 아이스하키 플레이어 웨인 그레츠키Wayne Gretzky가 골을 넣는 시도가 없으면 100퍼센트 확률로 들어갈 리 없다고 말한 것처럼 고성과 직원은 거래를 '만들고' 보통 사람은 거래를 '기다린다'. 거래를 만들려면 니즈를 파악하면서 상대의 구매 의욕을 끌어올릴 필요가 있다. 상대가 가격을 묻는 것은 최고의 구매 신호다. 신호를 놓치지 말고 구매 의욕을 확인해야 한다. 구매 의욕을 올리는 가장 좋은 수단은 질문이다. 인간의 뇌는 질문을 받으면 답을 준비한다. 기존 고객에게 질문 찬스를 만들 수 있도록 평소 접점을 계속 유지해야 한다.

한 번 거래를 성사시켰다면 다음에도 가능하다. 고객은 늘 '사고 싶은 기분'을 가지고 있다. 고객에게 존재하는 니즈를 미리 알 수 있다면 판매를 만들 수 있다. 자동차의 경우 고객에게 차량 교체 니즈가 있다는 것을 알기만 해도 재구매로 이어질 수 있다. 고객이 알아서 알려줄 리 없다고 생각한다면 평소 고객과의 관계가 어떤지 점검부터 시작해야 한다.

고객의 니즈는 정말로 다양하다. 고객은 보유한 차가 지겹거나 고장이 났을 때만 차를 바꾸는 것이 아니다. 신제품에 대한 광고·홍보·프로모션에 노출되었을 때, 리스 등 금융 상품 만기가 도래했을 때, 승진 등으로 인한 사회적 체면이나 주위 시선이 신경 쓰일 때, 큰 차나 작은 차가 필요할 때, 수입이 늘거나 줄었을 때, 주식투자나 유산 상속 등 가처분 소득이 생겼을 때, 지인의 새 차나 길거리에서 신차를 봤을 때, 자녀와 가족 차량이 추가로 필요할 때 구매를 고려한다.

거래 성과 향상을 위해서는 이런 고객의 구매 의욕을 '올려야' 한다. 조직이 할 일은 고객과 '함께 가치 있는 결과를 만드는 것'이다. 고객에게 득이 되고 직원에게 득이 되어야 한다. 고객은 잘 샀다고 생각해야 하고 직원은 보람이 있어야 한다. '자기결정성이론Self-Determination Theory'은 인간이 스스로의 결정에 큰 가치를 둔다고 가정한다. 따라서 직원은 고객의 니즈를 잘 듣고, 정보를 제공하고, 최종 결정은 고객 스스로 할 수 있도록 도움을 주어야 한다.

니즈의 해결 방법을 제안하면 상대는 만족한다. 제안 활동은 먼저 고객의 '부정否定'이나 거절을 모아서 하나씩 부수는 것이고, 다음으로 고객이 보지 못하는 것을 보이도록 하는 것이다. 그리고 마지막으로 거래할 마음이 없는 고객에게 거래 의욕이 생기도록 만드는 것으로 정의할 수 있다.

고객이 신차에 관심이 있다고 해서 지금 구입하면 어떠냐고 물었을 때 (테스트 클로징) 아직 교체할 수 없다고 한다면 이것이 고객의 부정이고 거절 사유다. 신차로 교체하려면 돈이 들고 기존 차량을 탄 지 3년밖에 되지 않았다고 한다.

그렇다면 부정을 해소할 방안을 제안해야 한다. 우선 신차를 사기에 지금이 좋은 시점이라고 제안한다. 중고차의 시장 가격이 가장 높은 때는 3년 정도의 시점이므로 차량의 지금 자산 가치를 활용하는 것이 가장 득이 됨을 알린다.

이처럼 고객이 보지 못하는 것을 보이게 만들면 고객의 구매 의욕이 상승할 가능성이 있다. 애초에 살 마음이 제로였지만 이제는 약간 고민이 되고 높아진 구매 의욕으로 스스로 고민하는 과정에 직원이 함께하는 것이다. 나아가 문제를 적극적으로 해결하는 데 조직이 도움을 주면 더 이른 시점에 거래로 이어질 수 있다.

기존 고객의 구매 의욕은 시간이 흐름에 따라 높아진다. 고객이 신차를 가지고 싶어 하는 시점들이 있다. 물론 차량 노후화로 인한 고장 등이 발생하면(구매 의욕의 MAX 라인) 고객은 어쩔 수 없이 교체를 결정한다. 통상적인 차량 교체 과정이다. 중요한 것은 기존 고객의 의욕이 MAX에 도달하기 전에 의욕을 올려두어 판매 시점을 앞당기는 것이다. 제안 활동을 통해 '고객의 기분을 높일 수 있다'는 것은 직원이 활동하는 메리트다. 당장 거래로 연결되지 않더라도 구매 시점이 단축되기 때문이다.

고객과 접점만 유지되면 각 니즈의 장면에서 니즈 파악도 가능하고 제안도 가능하다. 따라서 고객생애가치 향상을 위해 관계를 유지하고 좋은 질문을 해야 하며 여기에는 많은 노력이 필요하다. 거래에 대한 태도와 지식은 행동으로 결과를 맺기 마련이다.

[도표 5-3] 제안 활동과 고객의 거래 의욕

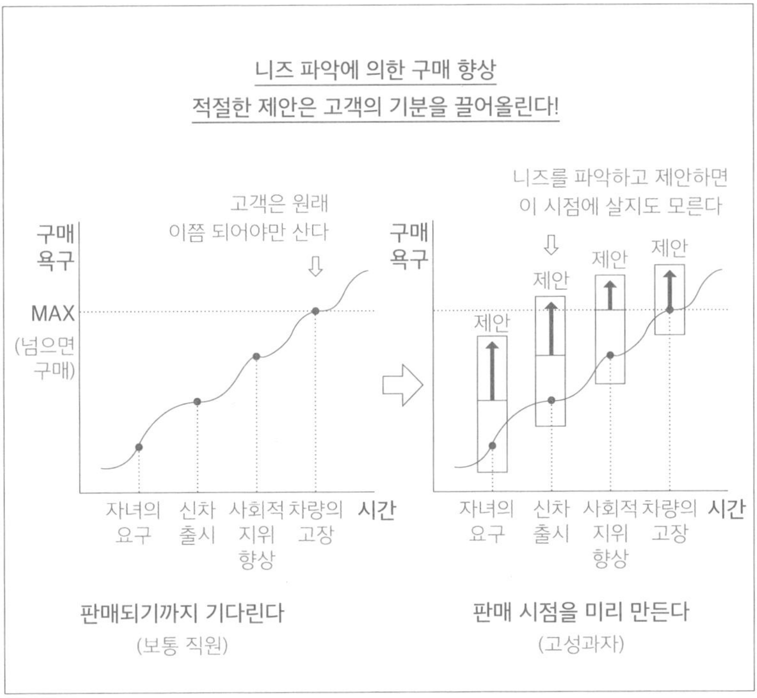

니즈 파악에 의한 구매 향상
적절한 제안은 고객의 기분을 끌어올린다!
고객은 원래
이쯤 되어야만 산다
구매 욕구
MAX
(넘으면 구매)
자녀의 요구
신차 출시
사회적 지위 향상
차량의 고장
시간
판매되기까지 기다린다
(보통 직원)
니즈를 파악하고 제안하면
이 시점에 살지도 모른다
구매 욕구
제안
제안
제안
제안
자녀의 요구
신차 출시
사회적 지위 향상
차량의 고장
시간
판매 시점을 미리 만든다
(고성과자)

......

성과의 핵심 행동

교회 선생님이 학생들에게 천국에 가려면 무엇을 해야 하는지 질문했다. 한 아이가 손을 들고 천국에 가려면 죽어야 한다고 답했다. 맞는 말인 것 같은데, 정답은 아니다. 원론적으로는 천국에 가려면 하나님 말씀대로 살아야 한다. 천국에 가려면 천국에 갈 수 있는 행동을 해야 한다.

결과에는 원인이 있다. 주요 원인에 투자해야 결과가 향상된다. 핵심 행동에 집중하라는 것이다. 조직에는 관성적으로 인과관계 파악 없이 하던 일에만 집중하면서 성과가 나지 않는다고 하는 사람이 많다. B라는 행동을 하면서 A라는 결과를 기대하는 것이다. 열심히 뛴다고 결코 경기에서 승리하는 것이 아니다. 열심히 일하기보다 스마트하게 일하기를 추구해야 한다.

주요 목표에 맞는 행동을 하는 것이 중요하다. 전략적인 조직은 정렬된 행동과 목표를 갖춘 조직이다. 조직 구성원들이 하는 일은 낭비 없이 성과 창출에 기여해야 한다. 즉, 고객 감동을 추구하는 조직이 되려면 고객 감동과 직접적으로 연관된 행동을 해야 한다. 고객 감동은 '고객이 원하는 것'에 집중해야 얻을 수 있으며 고객의 기대 이상을 목표로 행동해야 한다.

거래에서 고객이 원하는 것은 믿을 수 있는 곳에서 좋은 제품이나 서비스를 투명한 가격에 구입하는 것이다. 미국의 링컨Abraham Lincoln 대통령은 젊은 시절 가난한 나무꾼으로 살았지만 열심히 일하면서 공부해 변호사가 되었다. 그는 뛰어난 나무꾼이 되려면 주어진 8시간 중 7시간을 도끼 날을 가는 데 써야 한다고 말했다. 성과를 내려면 준비된 핵심 행동이 필요하다.

구 소련의 핀란드 침공 시 105일 동안 542명의 적을 설원에서 사살한 시모 해위해Simo Häyhä는 '하얀 사신'이라는 별명을 가진 저격수였다. 그는 조준경을 사용하지 않고 오로지 가늠쇠와 가늠자에 의존해 조준을 했다. 조준경을 사용하면 반사광으로 적에게 노출되기 쉽다는 이유에서였다.

그가 훈련한 것은 시력 단련과 유지, 집중력과 인내력 향상, 노출 방지를 위해 입김 혹은 총구 근처에 눈발이 생기지 않도록 하는 핵심 행동과 스킬이었다. 평범한 농부였던 사람이 어떻게 전설적인 저격수가 될 수 있었냐는 질문에 그는 그저 "연습했다"라고 대답했다.

| 04 |

인상을 남겨라

제가 고객님의 담당자입니다

어느 날 고객이 10년 이상 거래하던 증권사에 전화를 했다. 직원과 통화하려는데, 잘 연결이 되지 않았다. 자동 응답 멘트가 나오고 시간이 간다. 수십 번의 안내 멘트 후 상담원과 연결이 되었다. 고객은 10분간 사정 설명을 하고 상담원은 끝까지 듣기만 했다. 설명을 마친 후 고객이 어떻게 도움을 얻을 수 있는지 묻자 결론적으로 상담원은 가까운 은행에 갔다가 관공서에 가서 필요한 서류를 준비해 세무사를 찾아가라고 했다. 결국 알아서 하라는 것이다. 바쁜데 시간만 낭비한 꼴이다. 어차피 도와줄 것도 아니면서 응대 매뉴얼대로 "네, 네" 하다 보니 서로의 시간만 낭비된 모양새다. 고객은 화가 나고 회사도 보람이 없다. 자칭 국내 최대 온라인 증권사로, 온라인 중심으로 거래를 하다 보니 영업에는 강점이 없고 고객에게 도움을 줄 직원도 부족했다.

전화를 끊고 마음을 추스르는데, 모르는 번호로 전화가 왔다. 마침 작년에 50만 원 정도 입금해본 모 증권사 지점이었다. 전화를 건 직원은 전임자가 다른 지점으로 옮겨가 자신이 새 담당자가 되어 인사차 연락했다며 필요한 것이 있으면 언제든 말하라고 했다. 이런 타이밍에 '담당'이라는 표현은 고객으로 하여금 고마운 기분이 들게 했다.

이전 증권사와 달리 두 번째 증권사는 먼저 담당이라고 말해주었다. 단골 미용실 외에는 담당이라는 것이 잘 없는 세상이다. 그렇기 때문에 상대에게 "제가 고객님의 담당자입니다"라는 말을 하는 것은 관계 형성에 큰 진전을 만든다.

고객은 그 길로 '담당' 직원이 근무하는 영업점을 방문했다. 직원은 충분한 시간을 들여 고객의 니즈를 청취한 후 도움을 줄 수 있는 영역에 대해 알려주었다. 고객은 집으로 돌아갔다. 며칠 후 담당 직원은 고객들의 계좌 현황을 확인하다 깜짝 놀라 지점장에게 보고했다. 새로 만난 그 고객이 전 재산을 이 증권사의 계좌로 옮긴 것이었다.

고객은 상당한 자산가였다. 그리고 담당 직원은 나중에 국내 최고 증권사의 핵심 거점 자산 관리 총 책임자가 되었다. 담당 직원은 과연 예상치 않게 큰 실적을 거둘 줄 알았을까? 아니다. 회사 데이터베이스의 기존 고객들과 관계 설정을 시도하던 중 성과로 이어진 것이다.

담당 직원은 고객에게 감사의 전화를 걸었다. 직원은 어떻게 그런 큰 거래를 결정했는지 물었고 고객은 누군가가 먼저 전화를 걸어서 자신이 담당이라고 말해준 건 처음이었다고 대답했다. 말 한마디로 고객의 마음을 살 수 있다. 아직 누군가의 담당이 될 수 있는 기회는 여전히 남아있다.

자기 개시의 효과

어떤 직원은 명함과 함께 A4 종이에 인쇄된 자기소개서를 만들어 사용한다. 명함에 담을 수 없는 자신의 다양한 정보와 고객에게 제공할 수 있는 가치를 적어둔 것이다. 그는 이것만으로도 1년에 자동차 60대는 팔 수 있다고 자랑했다.

사람은 상대에게 의미 있는 누군가가 되고 싶어 한다. 직원은 거래를 위해 고객을 만나야 하고 고객에 대해 알아야 한다. 그러나 고객의 이야기를 들으려면 본인에 대한 이야기를 먼저 내놓아야 한다. 그래야 상대도 마음을 열기 때문이다.

이때 도움이 되는 것이 자기소개서다. 소위 보답성에 근거한 자기 개시 효과가 작용하기 때문이다. 자신을 알려 상대의 마음의 문을 여는 것이다. 자신의 정보를 먼저 주면 자기 개시에 대한 보답 심리가 작동해 반대편에서도 자신을 보여줄 가능성이 높아진다.

거래 상대를 만날 때 우선 할 일은 신뢰 관계를 구축하는 것이다. 초대면의 심리적 긴장감을 해소하는 데 자기소개서가 효과를 발휘할 수 있다. 커뮤니케이션 상대가 자신을 드러내는 것은 강한 임팩트를 주기 때문이다. 어떤 정보를 접한 사람의 뇌에는 공백이 생긴다. 그 인지의 공백을 자신의 경험으로 채우기 위해 생각을 하는데, 상대가 제시한 정보에 자신을 대입시키는 것이다. 이것을 선택적 인지라고 한다. 자신의 경험이나 배경 등을 지금 흡수한 정보에 연결하면서 관심이나 기대감을 가지게 된다.

즉, 자기 개시에서 드러난 상대의 학력, 취미, 사는 지역, 대인 관계, 자녀 및 가족 관계, 연령 등에서 자신과의 공통점을 적극적으로 검색한다. 한 가지라도 공통점이 있으면 친근감을 느끼게 되고 당장 연결되는 키워드가 없더라도 상관없다. 10개를 던져놓았을 때 상대가 그중 1개라도 마음에 담아두거나 공감해주면 된다.

자기소개서를 통한 자기 개시로 인해 고객은 스스로 직원에 대해 생각한다. 자기 개시에서 정보가 연결되고 맥락이 만들어지면 고객은 직원을 잊지 않는다. 학교 후배, 동향 사람, 동호회 등은 모두 공통점에서 생긴 맥락이다.

아이들의 언어 습득 과정에서도 중요시되는 '맥락적 입력comprehensible input' 효과다. 어떤 정보가 '장기 기억long-term memory'으로 남기 위해서는 특정 맥락으로 연관을 지어야 한다. 한 번 맥락이 형성된 정보는 오랜 시간이 지나도 잘 잊혀지지 않는다.

통상적으로 사람의 뇌는 하루가 지나면 그날 입력된 정보의 상당 부분을 잊어버린다. 헤르만 에빙하우스Hermann Ebbinghaus의 연구에 따르면 사람은 단순 정보를 20분 후에 42퍼센트, 1시간 후에 56퍼센트, 하루가 지나면 74퍼센트를 잊어버린다고 한다. 1주일이 지나면 77퍼센트를 잊고 한 달이 지나면 79퍼센트를 잊는다. 이처럼 인간은 망각의 동물이므로 거래 상대의 기억에 지속적인 인상을 남길 필요가 있다.

단순접촉효과를 활용하는 것도 좋은 방법이다. 미국의 사회 심리학자 로버트 자이언스Robert Zajonc가 이론으로 정립한 '자이언스효과Zajonc Effect'도 마찬가지다. 스팸 메일도 계속 받다 보면 친근감이나 관심이 생길 수 있다. 부정적인 반응이 긍정적으로 바뀌는 경우도 있다. 같은 가격, 비슷한 품질의 제품 중 하나를 골라야 한다면 전단지나 매체 노출을 통해 가장 익숙해진 제품을 구매할 확률이 높다.

단순접촉효과는 상대와 만남을 거듭할수록 호감을 갖게 되는 현상을 설명해준다. 접촉 횟수가 많을수록 친근감이나 호의가 올라가는 것이다. 접촉으로 관계가 형성되어야 비로소 논리적인 접근(제품 및 서비스)으로 연결할 수 있다. 이처럼 성과를 올리려면 고객과의 대면 접촉facing을 늘려야 한다.

인상을 남기기 위해 보답성의 법칙을 활용할 수 있다. 아파트에 거주한다면 하루에 최소 두 번은 엘리베이터를 탈 것이다. 이웃들에게 먼저 인사하면 상대도 인사를 받아준다. 얼굴이 익숙해지면 이웃이 엘리베이터에서 뭔가를 나누어 줄 수도 있다. 먼저 주는 사람이 잘 받는 법이다. 고객을 빚지게 만들면 받을 확률이 높다.

결론적으로 거래 성과를 높이려면 단순 접촉을 늘리고 자기 개시를 활용해 경쟁사보다 더 강한 인상을 남겨야 한다. 인상을 남기려면 논리보다 감성이다. 논리는 제품이나 서비스의 QCDQuality, Cost, Delivery : 품질, 가격, 납기 측면인 반면, 감성은 부수적으로 따라다니는 감각적 정보다.

거래에서 큰 역할을 하는 것은 제품과 서비스를 나에게 가지고 온 사람의 인간성이다. 품질, 가격, 납기를 이야기하려면 거래 상대의 감각적 영역이 열려야 한다. 소위 '들을 귀'를 만드는 것이다. 신뢰하는 사람으로부터 소개받은 제품이나 제안이라면 거부감 없이 마음이 움직일 때가 있다. 단순접촉효과와 자기 개시는 신규 고객의 거부감을 낮추는 데 도움을 줄 수 있다.

목표 관리

목표 달성에 실패하는 이유

기다리지 않고 거래를 만들어내는 프로의 비밀은 목표 관리다. 사람들은 새해가 되면 다이어트, 정리, 저축, 취미, 건강, 금연, 학습, 가족 등 다양한 영역의 목표를 세운다. 연구에 따르면 새해 목표를 세운 사람들의 30퍼센트는 통계적으로 2주 안에 달성 가능한 경로에서 벗어난다. 연말이 되어 원하는 목표를 달성한 사람은 전체의 8퍼센트에 지나지 않는다. 대부분 목표 달성에 실패한다는 의미다.

목표 달성에 실패하는 사람들은 지나치게 도전적이고 큰 목표를 세우는 경향이 있다. 소위 '실패를 위해 디자인된 목표'다. 목표를 세우고 한 번에 달성할 수 있다며 여유를 부린다. 그러다가 시간이 지나 데드라인이 가까워지면 목표의 크기에 질려 포기한다. 1주일에 1킬로그램씩 줄여야 할 체중인데, 기한이 임박해 12킬로그램을 한 번에 빼려면 불가능하다.

인지 부조화[13]는 새로운 목표 달성에 부여된 가치를 평가절하하도록 만

---

13 두 가지 이상의 반대되는 생각이 동시에 상충 혹은 기존의 정보와 반대되는 정보를 접했을 때 발생하는 개인의 스트레스 상황을 말한다.

든다. 따라서 변화의 시도는 중단된다. 인간의 본능 중 하나인 현재 상태as-is 혹은 status quo를 그대로 유지하고자 하는 항상성 역시 변화의 적이다. 피터 드러커Peter F. Drucker는 성과를 내는 사람들은 공통적으로 집중하는 특성을 가진다고 했다. 목표를 달성하는 사람들은 중요한 것부터 먼저 하고 한 번에 하나씩 수행한다는 것이다.

목표를 세우는 것보다 실천하는 것이 어렵다. 조직은 월간 목표를 초과 달성할 때도 있고 미달할 때도 있다. 초과 달성을 했더라도 다음 달의 실적은 다시 제로에서 시작하므로 보너스 정도로 인식하면 된다. 정작 중요한 것은 계획한 목표에 미달했을 때의 대응이다. 초과가 아닌 성과 미달은 반드시 짚고 넘어가야 한다.

목표 달성을 방해하는 외부 요인은 세 가지 정도로 구분할 수 있다. 첫째는 경기 변동 등과 같은 고객을 둘러싼 환경의 변화이고 둘째는 가격, 프로모션 등과 같은 경쟁 조건의 변화다. 셋째는 신제품이나 대체재 등과 같은 새로운 경쟁의 등장이다. 그러나 외부적인 요인은 원래부터 통제 불가능한 것들이므로 외부적인 요인보다 내부적인 요인에 집중해야 성과는 향상된다.

......

목표 100퍼센트 달성의 스킬

목표를 달성하려면 '절대 달성' 의식이 필요하다. 목표가 달성되지 않으면 구성원들은 미안하다고 반응한다. 사실 미안하다는 표현의 이면에는 개인이나 그룹의 미달된 목표만큼 누군가 초과 실적을 낼 거라고 생각했다는 여유 의식이 보인다.

'링겔만효과Ringelmann Effect'는 집단에 참여하는 개인의 수가 증가할수록 특정 성과에 대한 개인의 공헌도는 줄어드는 현상을 말한다. 실제로 1 대 1의 줄다리기보다 많은 구성원이 참여할수록 개인의 공헌도는 줄어든다. 구성원의 힘이 더해질수록 상승효과가 생기는 '시너지효과'의 반대 의미로 볼 수 있다. 누군가는 성과 부족분을 채울 것이라고 생각하는 의식이 있으면 조직 전체의 목표 달성은 어려워진다.

내일 사무실에서 회사의 명운을 건 비즈니스 미팅이 있다고 가정해보겠다. 절대 늦으면 안 된다. 집에서 사무실까지 30분, 출근 시간은 오전 9시이므로 통상 집에서 8시 반에 출발한다. 그러나 내일 아침에는 보통 때보다 30분 이른 오전 8시에 집을 나서면 어떨까? 그런데 도로 공사, 사고, 교통 체증, 천재지변 등 예측 불가능한 상황이 발생할 수 있으므로 절대적으로 안전한 상황은 아니다. 일찍 출발한다는 사실이 위안은 되겠지만 늦으면 어쨌거나 목표 달성은 실패다.

결론적으로 절대 늦지 않는 방법은 사무실에서 자는 것이다. 예측 불가능한 외부 장애 요소를 극복하려면 내부 요인에 집중해야 한다. 통제 가능한 방식으로 결과를 통제하는 것이다. 목표를 절대적으로 달성하려면 항상 초과 달성을 기본으로 하면 된다.

목표의 절대 달성을 위해서는 '무의식적 유능 상태'를 추구해야 한다. 외국어 학습은 어렵다고 하지만 한국어는 아무런 의식 없이도 자연스럽게 입에서 나온다. 이것이 무의식적 유능 상태다. 성과 목표에 대한 의식과 행동을 매일 사용하는 언어처럼 만들어야 한다. 그러기 위해서 명확한 목표 설정, 초과 실현을 위한 구체적 계획, 절대 달성 의식이 필요하다.

생활 속에서 절대 달성 의식은 얼마든지 발견된다. 10대 사생팬은 학교를 빼먹고 아이돌 콘서트에 간다. 신상이 나오면 사람들은 텐트를 치고 백화점에서 오픈런을 준비한다. 부동산 활황기에는 아파트 분양에 일가 친척이 동원된다. 결국 목표 관리 스킬은 어떻게 조직과 개인이 달성 의식을 가지도록 하는가에 대한 것이다.

세계 상위 1퍼센트의 부자가 전체 부의 약 50퍼센트를 소유하고 있다[14]는 조사 결과는 논란의 여지에도 불구하고 강력한 목표 의식을 갖추는 것이 성과의 기본 전제라는 예시로 활용된다. 상위 20퍼센트의 사람들이 전체 부(혹은 결과)의 80퍼센트를 가진다는 '파레토의 법칙'을 떠올려보자. 상위 20퍼센트 집단 내의 상위 20퍼센트는 80퍼센트 부의 80퍼센트를 차지한다. 즉, 최상위 4퍼센트(20%×20%=4%)의 집단이 전체 부의 64퍼센트(80%×80%=64%)를 갖는다. 그렇다면 4퍼센트 집단 내의 상위 20퍼센트 집단(4%×20%=0.8%)은 64퍼센트의 80퍼센트, 즉 전체 부의 51.2퍼센트를 가지게 된다.

사실 양극화나 부의 편중은 세계적인 현상이고 그것을 입증하는 데이터도 많다. 강력한 목표 달성을 위한 행동이 성과의 가장 큰 요인인지 아닌지의 판단은 절대 달성을 통한 성과 창출 경험이 있는 사람들이 입증해줄 수 있을 것이다.

리더십의 대가인 존 맥스웰John C. Maxwell은 95퍼센트의 사람들은 인생의 주요 목표를 기록하지 않는다고 주장한다. 반면, 가시적인 목표 관리를 한

---

14 크레디트 스위스(Credit Suisse)는 2015년 상위 1퍼센트 부자가 48.9퍼센트의 부를 소유한 것으로 추정했다.

나머지 5퍼센트의 사람들 가운데 95퍼센트는 원하는 목표를 성취한다고 말한다.

20세기 가장 위대한 배우 중 하나로, 주요 목표를 종이에 적어 늘 보이는 곳에 두었던 이소룡의 이야기다. 1969년 작성한 그의 주된 절대적 목표는 미국에서 가장 많은 출연료를 받는 동양계 슈퍼스타가 되는 것이었다. 그러기 위해 익사이팅한 액션과 연기를 1차 목표로 했다. 1970년대 세계적인 명성 확보, 1980년대 1천만 달러의 수입, 그리고 내적인 조화와 행복을 추구하는 삶을 살 것이라고 적었다. 1971년 영화 「맹룡과강*The way of the Dragon*」과 1972년 영화 「용쟁호투*Enter the Dragon*」는 그에게 세계적 명성을 안겨주었다. 그리고 대부분의 목표는 달성되었다.

'떠벌이효과Profess Effect'는 주위에 자신의 목표를 의도적으로 밝히면 그 목표를 달성할 확률이 더 높아진다는 심리학 현상을 말한다. 세계적으로 명성을 얻은 만화 「딜버트*Dilbert*」의 창작자인 스콧 애덤스Scott Adams는 16년 동안 사회생활을 하다가 전업 만화가로 전향했다. 대부분 커리어에서 별 볼 일 없었던 그는 매일 아침 출근 전에 그림 연습을 했다. 사람들이 그에게 재능이 없다고 했음에도 불구하고 그는 아침마다 "세계 최고의 만화가가 된다"는 말을 15번씩 썼다.

목표 달성을 위해 퇴로를 차단해서 목표가 반드시 지켜지도록 만드는 방법도 있다. 골목을 지나다 담장을 만나면 돌아갈 생각을 하지 말고 가방을 담 반대편으로 던져버리는 것이다. 일부러 어려운 길을 선택하면 같은 성과를 얻더라도 개인이나 조직의 역량을 향상시킬 수 있다. 또한 반드시 해야 할 목표가 정해지면 아이디어가 떠오를 가능성도 높다. 목표가 정해지면 뇌는 현실을 재설계한다. 뇌에 공백이 생기면 인간은 채우려 고민한다. 유레카 모멘트, 무릎을 치는 순간aha moment은 이런 과정 후에 얻어진다. 지금 주위에 녹색 물건이 몇 개나 있는가? 만약 지금 주위를 둘러봤다면 뇌가 현실을 재설계한 것이다.

뇌는 입력된 과제를 해결하기 위해 노력한다. 퇴로 차단과 비슷한 구멍 메우기(거꾸로 일하기)와 등산하기 방법도 있다. 구멍 메우기 방법은 역방향 문제해결 방식backward problem solving 혹은 백캐스팅으로도 불린다. 달성하기 어려워 보이는 큰 과제도 작게 나누면 해결하기 쉽다. 큰 목표를 역산해 하루, 주, 월 등 작은 목표로 구분한다. 그리고 목표 달성 시점까지 작은 목표를 채워나간다. 최종 목표에 대해서는 생각하지 않고 파놓은 작은 구멍을 매일 메우기만 하면 된다. 최종 시한에 뒤를 돌아보면 목표는 완성되어 있다.

등산하기도 방법은 비슷한데, 기한과 목표를 정하고 쉬운 과제부터 목표로 설정해 점차 높은 레벨을 설정하는 것이다. 이번 달 목표는 100, 다음 달은 110… 등이다. 한 단계씩 클리어하다 보면 정상에 가까워진다. 큰 이상향을 꿈꾸는 완벽주의자보다는 현실적인 완료주의자가 높은 성과를 이루기 쉽다.

마지막으로 목표 달성에 도움이 되는 추가적인 방법론도 있다. 첫째, 장기 목표의 설정이다. 많은 조직과 개인이 월간 목표 정도는 가지고 있다. 그러나 대기업 정도가 아니라면 3~5년 중장기 성과 목표까지 상세히 설정하는 경우는 드물다. 10년 후의 목표 이미지를 미리 설정해두면 어떨까? 그 이미지를 본다면 지금 무슨 일을 해야 할지 알게 되고 동기부여도 된다.

둘째, 목표를 훨씬 더 상세한 구성 요소로 분해하는 것이다. 일본 야구선수 오타니 쇼헤이大谷 翔平의 계획표는 유명하다. 큰 정사각형을 그리고 세로 3칸, 가로 3칸으로 9등분한다. 가운데 칸에는 절대 목표를 적는다. 주위 8개의 사각형에는 절대 목표 달성을 위해 필요한 여덟 가지의 하위 목표를 적는다. 그리고 개별 하위 목표 칸을 다시 9등분하고 세부 목표 달성을 위한 8개의 행동을 적는다. 총 9×9=81개 사각형의 매트릭스다. 물론 이런 방식에는 단점도 있는데, 항목간 우선순위 설정이 어렵고 너무 많은 요인 때문에 주요 목표에 다가가기 전에 포기하는 경우가 많다.

일상의 목표를 자동으로 처리할 수 있는 시스템을 만들면 자신을 통제하기 쉬워진다. 목표 달성이 어렵다면 작은 목표로 쪼개어 관리하는 시스템을 만들면 성과를 높일 수 있다. 하루, 더 나아가 지금의 통제 가능성을 높이는 것이다.

[도표 5-4] 목표 관리의 방법

언행과 커뮤니케이션

언어는 인간 능력의 80퍼센트를 차지한다. 거래는 언어를 통한 커뮤니케이션이 기본이다. 커뮤니케이션이 상대에게 전달되는 방식은 두 가지로, 개인이 가진 생각과 느낌은 말과 행동을 통해 전달된다. 즉, '언言'과 '행行', 합쳐서 '언행'이다. 사람의 마음속은 알 수 없겠지만 상대에게 전달되는 것은 언행이다.

성과를 높이려면 당연히 언과 행을 효과적으로 하는 것이 좋다. 언행이 부실하면 진심도 전달되지 않는다. 말은 언어적 커뮤니케이션이다. 화법, 단어, 표현, 어조, 속도 등 많은 요소로 구성된다. 행동은 비언어적 커뮤니케이션이다. 몸의 각도, 표정, 손의 위치, 시선 등을 통해 상대에게 전달된다. 이러한 요인들이 거래를 결정한다.

상대와 관계를 강화하는 언행을 가져야 한다. A 부장과 B 부장이 대화를 하고 있었다. A 부장은 어떤 고객에 대해 불평 중인데, 고객 불만이 지나치다는 것이다. 고객은 제품에 하자가 있다며 A 부장의 후속 조치도 부실하다고 매일 불만 전화를 했다. A 부장은 제품에 문제가 없는데, 고객이 억지로 불만 제기를 한다며 전화를 피했고 다음번에는 더 이상 해줄 것이 없으니 마음대로 하라고 쏘아붙일 참이었다. B 부장은 듣다가 A 부장에게 한마디했다. "그건 결국 고객과 싸우자는 거잖아?"라며 "그럴 땐 무조건 공감을 해야지, 공감을!"이라고 조언했다. 덧붙여 B 부장은 자신이라면 힘들고 짜증날 텐데, 일단 찾아와서 함께 해결 방법을 찾아보자고 고객에게 말하겠다고 했다. 그리고 지금 당장 뭔가 해주었으면 하는 것은 없는지 물어보겠다고 했다.

커뮤니케이션 문제 해결의 기본은 '수긍-완화-설득'이다. 설득부터 하려 들면 잘 먹히지 않는다. 우선 수긍하고 상대의 기분을 누그러뜨려야 설득이 가능하다. 거래 상대와 사귈 수는 없더라도 말이라도 그의 편이 되어야 한다.

[도표 5-5] 거래와 언행

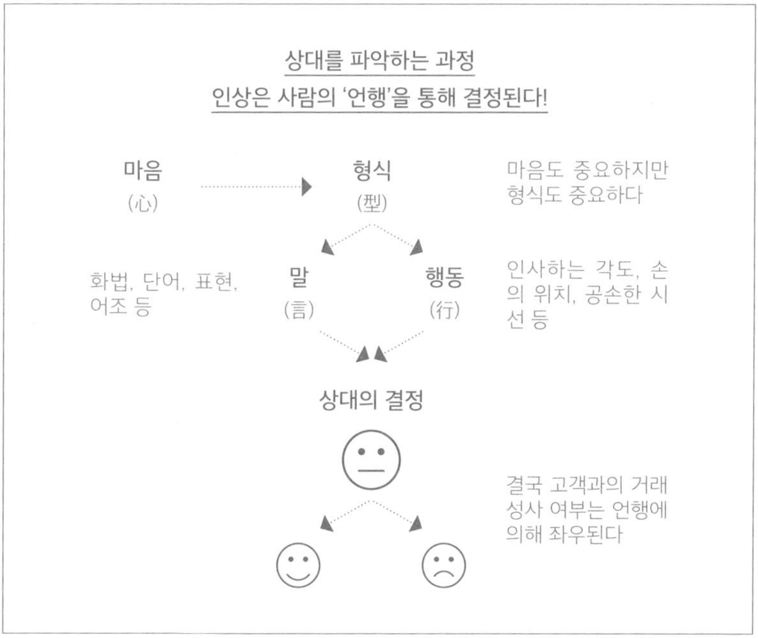

상대를 파악하는 과정
인상은 사람의 '언행'을 통해 결정된다!

마음 (心) ➡ 형식 (型)
마음도 중요하지만 형식도 중요하다

화법, 단어, 표현, 어조 등
말 (言) · 행동 (行)
인사하는 각도, 손의 위치, 공손한 시선 등

상대의 결정

결국 고객과의 거래 성사 여부는 언행에 의해 좌우된다

......

경청하는 사람은 설득한다

극한 인질극 상황에서 범인과 대치하고 있다고 가정해보자. 범인은 인질을 당장 죽일 것 같다. 협상가는 대치 상황을 해결하고 인질도 구출해야 한다. 그렇다고 범인의 요구를 일방적으로 들어줄 수도 없고 무력 진압은 더 어렵다. 하지만 상황을 해결하지 못하면 인질은 죽는다.

협상가는 모두에게 상호 이익이 되는 거래를 성사시켜 상황을 안전하게 종료하는 것을 목표로 한다. FBI 협상가들은 대치 상황 속 협상 기술에 대해 엄격한 트레이닝을 받는다. 이것은 상호 이익과 교환을 지향하는 흥정에 초점을 둔 커뮤니케이션 스킬이다. 협상가의 프로파일링 스킬에는 시사점이 있다. 협상가 개리 네스너Gary Noesner가 공감적 경청 스킬을 체계화한 후 FBI 협상은 90퍼센트의 성공률을 보였다. 이전의 협상 성공률은 50퍼센트에 지나지 않았다고 하는데, 50퍼센트는 협상이라고 부르기에는 창피하다.

처음부터 돈과 탈출용 헬기를 내주는 협상가는 없다. 협상 전문가는 범인이 인질을 풀어줄 때만 확실한 대가를 지급한다. 그리고 신뢰 관계 없이는 주요 카드를 꺼내지 않는다. 신뢰 관계를 형성하면 상대의 행동에 영향력을 미칠 기회가 생긴다.

협상가가 수화기를 들고 맨 처음 하는 일은 자기 개시다. 신뢰 형성과 긴장감 완화의 단계로, 자신은 믿을 수 있는 사람이라는 인식을 심는 것이 목적이다. 조건부터 말하면 끝이다. 진정성이 느껴지는 태도를 보여주는 데 필요한 것이 '적극적 경청'이다. 듣고, 동조하고, 칭찬한다. 경청하는 태도를 보이는 것만으로 협상 상황에 가치를 부여할 수 있다.

두 번째 단계는 니즈 파악이다. 배경을 파악하고 원인을 찾아낸다. 그래야 우월한 협상 포지션에서 시작할 수 있기 때문이다. 사실 대부분의 인질범은 살고 싶어한다. 누군가를 죽이는 것, 자신이 죽는 것은 목적이 아니다. 거래 상대와 마주한 것 자체가 거래에 참여하고 싶다는 의미이므로 모두에게 가장 피해가 적고 상호 이익이 되는 대화를 이끌 필요가 있다.

세 번째 단계는 해결의 방향성 설정이다. 최선의 결말은 아무도 다치지 않고 상황이 종료되는 것이다. 상호 이익이다. 해결이 될 것 같지 않던 대치 상황도 어느 순간 흐름이 바뀌고 해결의 실마리가 보이게 된다.

결국 협상 관계를 진전시키는 키워드는 상호 신뢰와 진심이다. 인질이 나오면 네놈은 쏴버리겠다는 생각으로는 거래가 진전되지 않는다. 신뢰는 상대를 소중히 여기는 마음에서 출발한다. 상대의 이익이 조직이나 개인의 이익과 상반되더라도 일단은 인정하는 것이 신뢰의 출발이다.

거래에서 고객이 무리한 조건을 요구하더라도 진심으로 응대해야 상대의 태도 변화를 기대할 수 있다. 따라서 적극적 경청 스킬을 활용해야 한다. 적극적 경청은 상대의 감정을 이해한다고 '상대에게 표현'하는 것이다. 누구나 존중받고 이해받기를 원한다.

적극적 경청에는 세 가지 메리트가 있다. 첫째는 적은 비용으로 가능한 효과적인 양보라는 점이다. 둘째는 상대의 행동을 긍정적으로 교정해 극단적 선택에서 멀어지게 한다는 점이다. 셋째는 교착 상황을 리셋하여 극적인 결과로의 전환을 가능하게 한다는 점이다.

특히 명확한 거절 사유 없이 망설이는 고객의 경우 적극적 경청이 유효하다. 많은 협상 과정에서 밝혀진 인질극의 주요 원인이 범인과 대화할 만한 사람이 없었다는 것임에 주목해야 한다. 거절 사유가 명확하지도 않은데, 부정만 하는 고객이 있다면 우선 적극적 경청으로 동조해야 한다. "정말 화가 나고 실망하셨겠군요." 터질 것 같던 상대의 감정이 낮아지면 상황을 진전시킨다. 때로는 목표를 접어두고 관계를 형성하는 데 집중해야 한다. 거래 상대와 협상이 진전되지 않으면 기한을 정하고 대응하는 것도 좋은 방법이다.

적극적 경청의 3Ffeel, felt, found : 느낀다, 공감한다, 발견한다 테크닉은 다음과 같이 활용할 수 있다. '그런 문제가 있었군요-충분히 이해합니다-이렇게 해결할 수 있지 않을까요?' 같은 접근이다. 조직과 고객의 거래 관계에서 상호 이익은 고객이 원하던 제품이나 서비스를 구입해 만족하는 동시에 직원은 좋은 가격으로 교환을 마무리하는 것이다. 인질 구출 성공률 50퍼센트와 90퍼센트의 성과 차이는 아주 작은 차이에서 기인한다는 것을 이해해야 한다.

......

설득력 있는 커뮤니케이션

몇 가지 효과적인 테크닉이 더해지면 거래 성과는 더 높아진다. 우선 헤드라인 원칙이다. 위대한 광고인 데이빗 오길비David Ogilvy는 사람들이 글을 읽을 때 본문을 다 읽지 않고 헤드라인만 읽을 확률이 5배나 높다고 했다. 돈에 비유하면 헤드라인을 작성할 때 이미 1달러 중 80센트를 쓴 셈이다. 커뮤니케이션 시작점의 중요성을 강조한 것이다. 효과적이지 못한 흔한 커뮤니케이션 유형 중 하나가 뻔한 주제를 뻔한 말로 시작하는 것이다. 무슨 말을 할 것인지 말하고, 하려던 그 말을 하고, 지금까지 한 말을 반복하면 듣는 사람을 사로잡을 수 없다. 첫 문장, 첫 30초의 대화가 설득의 키포인트다. 상대가 꼭 듣고 싶어할 이야기부터 해야 한다. 듣는 메리트가 있어야 한다.

둘째, 스토리텔링이다. 스티브 잡스는 위대한 브랜드나 개인을 만드는 것은 스토리텔링이라고 했다. 타인에게 절대 없는 것이 바로 '자신'이므로 남에게 없는 본인의 스토리를 전달해야 한다. 매력적인 이야기는 강력한 힘을 가진다. 뉴욕 맨해튼에 있는 티파니앤코Tiffany & Co. 본점은 세계의 여성들이 방문하고 싶어 하는 장소다. 선뜻 손이 가지 않는 고가 제품 위주의 1층을 구경하고 위축된 상태에서 엘리베이터를 타면 제복을 입은 멋진 직원이 주 고객인 '레이디스'—'젠틀맨'은 없다—에게 이렇게 말한다. "티파니에 잘 오셨습니다. 여러분의 허영과 욕망을 채울 보석이 가득한 멋진 장소입니다. 이제 2층에서 문이 열리면 손에 담을 수 있는 물건들이 많이 있을 겁니다." 문이 열릴 때 여성들의 표정은 밝아져 있다. 이제부터는 좀 전과 다른 자신만의 세상이다. 스토리가 강력한 이유는 자신과 제품, 서비스의 관계를 설정하기 때문이다. 꽃의 시인 김춘수는 내가 이름을 불러주었을 때만 그가 내게 와서 꽃이 된다고 했다. 무엇이든 자신과 상관이 있어야 비로소 의미가 생긴다.

셋째, 상대 중심 대화다. '너you 대화'로 표현하는 사람도 있다. 컴플레인을 걸려고 담당자에게 전화를 걸었는데, 통화가 연결되자마자 "지난번 제품 정말 별로셨죠? 죄송합니다"라는 말을 듣는다면 어떨까? 고객이 갑작스레 전화를 한다면 뭔가가 마음에 들지 않았을 거라고 생각할 수 있다. 상대가 화를 내지 못하게 하는 것도 스킬이다. 본인이 하려는 말보다 상대가 하려는 말에 집중하면 상황의 전환점이 보인다. 누구나 주인공이 되고 싶어 하기 때문에 상대 중심 대화는 효과적이다.

넷째, 전략적 표현이다. 전략적이라는 것은 목표와 그것을 달성하기 위한 핵심 행동의 정합성이 높다는 것이다. 하나의 예시가 긍정어positive language 사용이다. 인간의 무의식은 생존 본능 때문에 현실을 비판적critical thinking으로 바라보게 설계되어있다. 따라서 긍정적인 표현이 상대의 머릿속에 더 잘 입력된다. "실내 공간이 좁지 않습니다"라고 말하는 것보다 "공간이 넉넉합니다"라고 말하는 것이 전략적인 표현으로, 상대에게 긍정적인 인상을 남길 수 있다. 좁지 않다고 말하면 상대의 무의식 속에 '좁다'는 인상을 남긴다. 의도와 달리 좁다는 인상을 주기 때문에 전략적인 표현이 아니다. 마찬가지로 담배를 '끊으라'고 하는 것보다 '금연하라'는 조언이 좋다.

즉, 전략적 표현이란 상대에게 전하고 싶은 인상의 단어를 선택하는 것이다. 긴장하지 말라고 하면 상대는 더 긴장한다. "즐겨", "편하게 해봐"라고 말하는 쪽이 편안함을 주므로 효과적이다. 거꾸로, 사야 한다는 생각 없이 편하게 살펴보라고 고객에게 말하면 다소 사야 할 것 같은 생각도 하게 된다. 상황이 좋으면 이런 표현도 전략적으로 사용할 수 있다. 뇌는 부정과 긍정을 동시에 받아들이지 못한다. 긍정과 부정 중 하나만을 선택하므로 전략적 표현 사용을 고려해야 한다.

엘머 휠러Elmer Wheeler는 1937년 'Tested Sentences that Sell거래를 성사시키는 검증된 표현들'에서 커뮤니케이션을 강화하는 몇 가지 원칙을 제시했다. 그는 3천 600만 명의 소비자에게 10만 5천 가지 문장을 적용해 시험한 후 보편적인 다섯 가지 원칙the five Wheeler points을 제시했다. 스테이크가 아닌 '지글지글'을 강조할 것, 편지가 아닌 전보를 치듯 할 것, 꽃을 들고 말할 것, '만약'이 아닌 '어느 것'을 물을 것, 자신의 목소리를 살필 것이다.

스테이크가 팔리도록 만드는 것은 맛있는 지글지글 소리sizzle이지 소고기 자체가 아니다. 사람들이 원하는 것은 늘어진 치즈, 갓 내린 뜨거운 커피 거품, 크래커의 바삭함이다. 제품과 서비스의 매력(시즐)에 집중해야 한다. 매력을 찾아냈다면 간결하게 전달하는 방법을 찾을 수 있다. 첫 열 단어가 다음의 1만 단어보다 중요하다. 꽃을 들고 말하라는 것은 핵심 키워드를 뒷받침할 쇼맨십 등 전달 방식delivery에 집중하라는 것이다. 거래를 할 건지 말 건지something and nothing를 묻지 말고 어느 것something & something으로 선택지를 좁힌다. 마지막으로 무엇을 말할까what to say만큼 어떻게 말할까how to say도 중요하다.

| 07 |

물고기를 보여주다

현명한 사람은 필요 이상으로 말하지 않는다. 효과적이지 못한 커뮤니케이터는 불필요하게 많은 말을 늘어놓는다. 어차피 입력되지도 않을 과도한 정보는 효과적인 설득을 방해한다.

어린아이에게 고양이라는 개념을 가르쳐보자. '고양이는 털이 났어/ 원숭이?/ 그것보다 작아/ 눈이 빨갛고 귀가 긴 거?/ 그건 토끼인데, 토끼는 주로 하얀색이고 고양이는 무늬와 색깔이 다양해/ 얼룩말?/ 고양이는 이빨이 날카로워/ 표범?/ 아니. 고양이는 집에 살아/ 강아지?/ 음… 고양이는 귀가 뾰족해/ 이 강아지는 귀가 뾰족한데?/ 고양이는 야옹 하고 울어/ 아, 이제 알겠다!'

뭔가를 설명하거나 '개념'을 상대의 머릿속에 넣는 것은 어렵다. 다른 동물과 달리 인간은 언어를 통해 상대에게 개념을 설명하는 능력을 발달시켰고, 이와 같은 '개념 학습' 혹은 '개념 형성concept formation' 능력이 인간에게 비범함을 주었다. 앞서 고양이를 설명하는 과정에서 어떤 특성이 설명하려는 개념에 해당되는지 아닌지를 알 수 있다. 이른바 특성 분석features analysis 과정은 고양이라는 개념에 해당되는 결정적이고 내재적인 특성을 찾아내 정의하는 것이다.

개념을 이해하기 위해 정의한 규칙이 효과적이라면 인간은 그것을 유지할 것이다. 고양이라는 '원형prototype', 개념을 대표할 수 있는 조직화된 정보(야옹 소리)를 이해하면 다음부터는 야옹 소리만 들어도 고양이라고 인식한다. 실제 예를 들어 설명하는 것(실례, 實例)은 설명하려는 개념의 핵심 특성과 대비되어 빠른 이해를 돕는다. 그러므로 예를 드는 설명 방식은 상대에게 개념을 전달하고자 할 때 좋은 전략이다.

고양이를 정의하는 중요한 특성이 울음소리라면 장황하게 다른 특성을 설명하지 말고 울음소리부터 바로 들려주면 된다. 이것이 '물고기 보여주기' 방식이다. 물고기의 특성을 구구절절 설명하지 말고 가장 확실한 예시를 짧고 간단하게 상대에게 보여주는 것이다. 상대의 학습을 위해서는 도식(시각 자료)과 같이 간결한 예를 보여주면 좋다. 심플함이 최고이자 백문이 불여일견이다. 이것이 거래를 만드는 고성과자의 설득 전략이다.

텍스트만 보여주거나 그림만 보여주는 것보다 둘을 함께 보여주는 것이 연상 효과가 크다. 이것을 '근접성 학습contiguity learning'이라고 한다. 예를 들어 자동차라는 자극(말이나 텍스트)을 주고 자동차 그림을 함께 보여주는 식이다. 상대에게 효과적으로 정보를 입력시키려면 철저한 사전 준비는 필수다.

요식 사업가인 백종원 씨는 부가가치 전문가다. 식당에 온 손님들에게 먹는 방법을 설명해주는 사장을 칭찬하며 "설명이 조미료다"라는 유명한 말을 했다. 이름난 식당이라고 해서 모든 사람이 맛있다고 느낄 리 없다. 차별화는 설명에 있다. 같은 요리라도 가장 맛있게 먹을 수 있는 방법을 알려주면 고객이 좋게 생각한다. 그리고 고객은 알려준 방법대로 먹어보고는 맛있다고 느낀다.

유명한 식당이라도 맥락적 설명 없이 먹어보면 오히려 별것 없다고 느끼는 경우가 많다. 요리 자체의 맛은 중요하지만 요리를 맛있게 만드는 맥락은 더 중요하다. 없는 맛도 있게 만드는 것이 프로의 능력이다. 말 한마디가 조미료다. 인지된 가치는 커지게 된다. 상대에게 설득력을 갖기 위해서 어떤 행동이 부가가치를 더하는지 알아야 한다.

제품과 서비스는 교환관계의 '목적'이 아닌 '맥거핀macguffin'이다. 맥거핀이란 말은 서스펜스의 대가 알프레드 히치콕Alfred Hitchcock 감독이 고안한 영화의 극적 장치로, 관객을 낚는 속임수나 미끼라는 의미로 쓰인다. 즉, 맥거핀은 영화 초반에 핵심 대상물로써 관객의 이목을 끌지만 상황이 전개될수록 주변적인 것이 된다. 스토리에 빠진 관객들은 맥거핀 따위는 잊어버린다. 중요한 것은 전개되는 영화의 스토리와 메시지이지 맥거핀이 아니다.

영화 인디아나 존스의 세 번째 시리즈인 「인디아나 존스 : 최후의 성전 *Indiana Jones and the Last Crusade*」에서 악당들과 주인공은 성배를 손에 넣으려 경쟁한다. 하지만 마지막에 성배는 허무하게 사라지고 정의는 항상 승리한다는 메시지만 남는다. 보험, 금융, 컴퓨터, 주택 등 무엇을 거래하건 그 자체는 목적이 아닌 대상물이다. '파괴적 혁신Disruptive Innovation'을 주장한 클레이튼 크리스텐슨Clayton M. Christensen 교수가 강조한 것처럼 제품과 서비스는 고객의 문제jobs to be done를 해결하기 위한 것이다. 고객의 문제가 주인공이며 제품이나 서비스는 문제를 해결하기 위한 맥거핀에 지나지 않는다.

「인디아나 존스 : 최후의 성전」에서 대상물인 성배에 초점을 맞추면 오락 영화가 아닌 다큐멘터리가 되어버린다. 마찬가지로 교환관계의 주인공은 고객을 위한 가치 창출 행동이다. 그렇다면 제품과 서비스에만 몰두하지 말고 가치 창출 프로세스에 집중해야 한다. 성배가 아닌 인디아나 존스의 모험에 집중해야 한다. 그래야 상대에게 물고기를 보여주는 행동으로 전환될 수 있다.

......

사실로 설득한다

설득력을 담보하려면 '사실의 숫자'가 필요하다. 「코치 카터*Coach Carter*」는 고교 농구팀 이야기를 다룬 실화 바탕의 성장 영화다. 팀에 불만을 가진 학생들을 설득하기 위해 감독인 카터 선생은 데이터를 제시한다. 그가 일하는 리치몬드 고교 대부분의 흑인 학생은 감옥에 갔는데, 이것을 숫자로 살펴보니 지역 내 18세부터 24세의 흑인 중 33퍼센트가 감옥에 갔다. 그러므로 농구팀의 3명 중 1명은 감옥에 갈 것이었다. 리치몬드에 살고 있다면 대학보다 감옥 가기가 80퍼센트 정도로 쉬웠다. 그는 학생들에게 숫자에 근거해 자문해보라고 조언한다. 더 나은 삶을 위해 자신들에게 무엇이 필요한지 말이다. 학생들은 반박하지 못한다.

사실의 숫자를 적용하면 조직의 대화가 달라진다. 우리 전시장의 서비스 예약률은 30퍼센트다. 70퍼센트의 고객들은 담당 직원도 없다. 서비스 대면율은 30퍼센트다. 직원 3명 중 1명만 고객과 만날 것이다. 고객과의 접점을 갖지 못하면 5년 후 고객이 차를 바꿀 때 우리한테는 사지 않을 것이다. 매년 직원의 33퍼센트는 회사를 그만두며 남은 직원의 74퍼센트는 고객이 요청하지도 않은 가격 할인을 먼저 제공할 것이다. 고객과 더 나은 방식으로 거래할 방법은 없을까?

때로는 눈에 보이는 제품이나 서비스의 물리적 가치보다 함축된 '맥락'이 중요하다. 가구의 경우 낱개로 한두 개를 사는 것이 중요하지 않을 수 있다. 전체적으로 집안 분위기와 어울릴 수 있는지를 알아야 하기 때문이다. '분위기에 어울림'은 제품 자체에는 존재하지 않는 정보다. 그러므로 사용법이나 즐기는 방식에 대한 지혜를 전달해야 한다. 고객에게 제공하는 '차별화된 정보'의 가치가 중요하다.

거래에 가치를 더하기 위해서 제공하는 정보에 대한 설득력을 가져야한다. 그러기 위해서 먼저 고객 입장에서 문제를 이해하고, 다음으로 상대에게 도움이 되는 정보를 선별한 후 마지막으로 제시한 정보를 입증해야한다.

제시한 정보를 뒷받침하는 과정에서 'FABEFeature, Advantage, Benefits, Evidence : 특징, 강점, 혜택, 입증' 테크닉은 효과적으로 사실을 전달한다. FABE 테크닉은 상대가 이해하기 쉽도록 특징, 강점, 혜택, 입증의 4단계 정보를 체계화한다. 특징 단계에서는 제품과 서비스의 기능을 설명하고, 강점 단계에서는 왜 좋은지를 설명하고, 혜택 단계에서는 거래에서 얻을 수 있는 혜택을 설명하며, 입증 단계에서는 혜택의 증거를 제시한다.

예를 들면 이렇다. '전기 자동차는 이산화탄소, 질소산화물 배출을 억제하는데(특징), 깨끗하고 친환경적인 기술이며(강점), (그러므로) 소중한 가족들의 건강과 아이의 미래에 도움이 된다(혜택). 실제로 유럽 및 북미 시장에서 내연기관 자동차에 대한 환경 규제가 강화되고 있다(입증).'

때로는 제3자의 목소리와 의견을 통해 사실을 전달하는 것이 효과적일 수 있다. 제3자 토크 기법이다. 이 테크닉을 사용하면 객관적 데이터나 타 거래 사례를 객관적으로 전달하면서도 본인의 의견이 아닌 제3자의 의견이므로 거래 상대가 부정할 수 없다는 장점이 있다. 만약 부정되더라도 직원의 탓이 아니다. 제3자 토크를 통해 국가 기관의 연구 결과, 다른 고객의 경험담 등을 제공할 수 있다. 상대에게 물고기를 전달하기 위해 이런 테크닉을 적절하게 활용한다면 설득력을 높일 수 있다.

……

안 살 이유가 없도록 만드는 프랭클린 기법

벤자민 프랭클린Benjamin Franklin은 성공과 자기 계발의 아이콘이다. 그가 중요한 결정을 앞두고 사용했던 의사 결정 방법이 프랭클린 테크닉이다. 그는 국가의 중대사를 결정하는 데도 이 방법을 활용했다. 이 방법은 매우 간단해 복잡한 제품이나 서비스를 다룰수록 효과가 높다.

이 기법은 긍정적 요인과 부정적 요인을 다 적어보도록 함으로써 결정이 어려운 사안을 단순하게 만들어준다. 빈 백지 한 가운데에 줄을 그어 양쪽으로 나눈 후 왼쪽에는 긍정 요인, 오른쪽에는 부정 요인을 적어나간다. 거래를 망설이는 고객이라면 왼쪽에 거래해야 할 사유를 우선 적도록 한다. 제품과 서비스의 우수성, 가격 우위, 오랜 보증 기간, 타사 대비 뛰어난 고객 지원 등이다. 다 적고 나면 다양한 장점을 하나씩 고객과 확인한다. 그리고 나서 오른쪽에는 거래해서는 안 될 사유를 적도록 한다. 사실 많이 적기가 어렵다. 이미 긍정적 사유들을 수긍했기 때문이다. 부동산이나 금융 상품의 거래는 특히 고객이 쉽게 결정하기 어려운데, 상대가 스스로 결정을 내리도록 함으로써 설득력을 높일 수 있다.

......

평판을 입증하라

기존 고객의 추천이나 소개도 자산으로 만들 수 있다. 거래나 교환관계에서 허들이 되는 것이 관계에 대한 불신과 불안이다. 이런 심리적인 허들은 단순접촉효과에서 설명했듯 오랜 시간 자주 만나면 해결된다. 하지만 시간이 장애물이다. 빨리 심리적 허들을 뛰어넘으면 성과를 높일 수 있다.

최우수 사원, 최장기 근속 등 성과 입증의 사실을 포함한 자기소개서나 고객의 추천장 같은 포트폴리오는 불신과 불안을 잠재우는 효과적인 도구다. 평판은 속이기 힘들다. 따라서 평판을 활용하여 본인의 가치를 입증하는 것이다. 병원 광고나 홍보에서도 유명인을 통한 퍼블리시티 전략을 많이 사용하는데, 자신의 평판을 입증하기 위해서다.

다른 사람의 입을 통해 평판을 전달하면 효과가 더 크다. 거래 후 만족한 고객의 입증testimony은 증거로 활용될 수 있다. 구매 의욕이 있는 고객들은 어디서, 누구에게 사면 좋을지 궁금해하고 주위에서 정보를 구하기 마련이다. 고객의 소개나 추천받는 것을 주저하는 경우가 많다. 그러나 의외로 요청해보면 어렵지 않게 추천을 받을 수 있다. 지레 거절당할 것이라는 공포만 넘어서면 신뢰 자산을 쌓을 수 있다.

마음을 흔들어라

반대 심리를 활용하라

한 동물 카페에서 일하는 아르바이트 직원의 홍보 활동 영상이 화제가 된 적이 있다. 영상의 주인공은 강아지 인형 탈을 쓰고 사람들에게 홍보용 전단지를 나누어 준다. 신기하게도 영상에서는 모든 사람들이 전단지를 스스럼없이 받아간다. 성공률 100퍼센트다.

영상에서 직원은 전단지를 적극적으로 주려 하지 않고 행인을 등진 채 고개를 숙이고 서있기만 한다. 사람들이 지나가면 무심하게 등 뒤로 전단지를 내밀 뿐이다. 보통 길거리에서 전단지를 잘 받아주는 사람이 많지 않기 때문에 더 신기하다. 사람들은 청개구리다. 전단지를 열심히 주면 안 받고 무심히 주면 받는다.

청개구리는 무조건 어머니 말씀의 반대로 한다. 심리학에서 '반대심리 reverse psychology'라고 부르는 현상인데, 사람들은 뭔가 지시를 받으면 반대로 하고 싶은 마음을 갖는다는 것이다. 반대심리가 많이 생기는 사람을 우리는 청개구리라고 부른다. 반대 행동을 했을 때 어떤 일이 생길지 궁금해 하는 호기심이나 속박으로부터 벗어나려는 마음이 있기 때문이라고도 한다. 이런 반대심리를 적극적으로 이용한 사람이 청개구리의 어머니다. 어머니는 자신의 죽음이 가까워지자 아들에게 물가에 묻어달라고 한다. 결국 양지바른 곳에 묻히는 것에는 실패했지만 아들의 반대심리를 자극해 원하는 바를 달성하려 한 것이다.

마케팅에서도 반대심리가 활용된다. 일반적 통념과 반대되는 행동으로 대중의 관심을 호소하거나 제한적 마케팅을 통한 희소성 강조로 소유 욕구를 자극하기도 한다. 정신과에서 상담을 할 때 내담자에게 적극적으로 정보를 끌어내려고 하면 반감을 사는 경우가 있다. 그래서 상담자는 오히려 관심이 없는 척하면서 내담자가 자연스럽게 말하도록 유도한다.

동물 카페 아르바이트 직원도 이런 반대심리를 활용한 것으로 볼 수 있다. 협상 전략가 허브 코헨Herb Cohen은 전략적 협상에서 견지해야 할 기본적 스탠스를 한 문장으로 요약했다. "I care, but not too much." 즉, 거래에 신경을 쓰지만 지나치게 몰입하지 않는 자세를 견지하라는 것이다. 협상 우위에 서기 위해 관심을 표명하는 것은 필수다. 그러나 너무 집착하는 것처럼 보여서는 안 된다. '나에게 이 거래가 중요하지만 이것 없이도 살 수 있다' 같은 모습이다. 협상 테이블에서 거래에 집착하거나 너무 집요한 모습을 보이면 상대는 오히려 도망간다. 교환관계에서 유리한 고지를 차지하려면 이런 조언을 기억할 필요가 있다.

......

미리 생각해봤습니다

인간관계에서 기브 앤 테이크가 작동하는 이유는 상호성의 원칙이 존재하기 때문이다. 뭔가 주면 받을 수 있다. 이에는 이, 눈에는 눈, 친절에는 친절, 신뢰에는 신뢰. 벤 더피Ben Duffy는 20세기의 광고인으로 1940~1950년대 당시 기준으로 5천만 달러의 매출을 올린 BBDO라는 전설의 명문 광고 회사를 탄생시켰다. 그의 고객 관리 방법이 나중에 '벤 더피 테크닉'으로 불리게 되었다.

고객은 비즈니스 미팅을 하기 전 거래 상대가 본인의 니즈에 대해 고민하고 솔루션을 가지고 와서 참석해주길 바란다. 하지만 대부분은 준비 없이 그저 미팅에 '참석'할 뿐이다.

벤 더피 테크닉은 실로 간단하다. '당신(고객)이 ○○을 궁금해할 것 같아서 답을 준비해왔다.' 이것이 핵심이다. 사전에 질문이 나올 법한 사항을 리스트로 만들고 답변을 준비해 들고 가는 것이다. 그는 고객과의 미팅 전 늘 여섯에서 여덟 가지의 질문을 준비했다고 한다. 그가 생각한 고객이 가질 법한 질문은 이런 것이었다.

"내가 왜 이 사람 이야기를 들어야 하지? 내가 왜 이들의 제품과 서비스가 뛰어나다고 믿어야 하지? 이 사람은 자신의 주장을 현실로 만들 수 있을까? 이 사람은 성과를 낸 경험이 있을까? 우리가 가진 예산으로 이 일을 할 수 있을까? 이 사람이 진정 문제 해결에 관심이 있을까, 아니면 단지 자신이 가진 것을 거래하려 하는 걸까?"

벤 더피가 질문 준비를 통해 한 일은 고객 내면의 의문을 건드려 관계를 급진전시키는 것이었다. 그는 1960년대 초 한 담배 회사가 수백만 달러 규모의 캠페인을 준비하고 있다는 정보를 알게 되자 담당 임원과 약속을 잡았다. 그리고 상대의 입장에서 질문을 준비했다. 자신이 고객이라면 어떤 것을 묻고 싶은지 정리해 열 가지 질문과 답변을 준비했다. 담당 임원도 사전에 궁금한 사항을 적어왔는데, 벤 더피가 준비한 질문 10개 중 7개와 일치했다. 이후 두 회사는 20년간 성공적인 파트너 관계를 맺었다.

"제가 미리 생각해봤습니다." 이 말은 곧 '역지사지易地思之'로 귀결된다. 서로의 입장을 바꿔보는 것이 의외로 위력을 발휘한다. 공감의 테크닉이자 교환을 촉진하는 설득의 비밀이다.

……

마음을 전하면 움직인다

베테랑 C 부장은 지독한 슬럼프에 빠져 있었다. 그는 실적이 없는 동안 딱히 할 일도 없어서 상담했던 가망 고객들에게 손편지를 썼다. 고객과 헤어지면 기억 나는 포인트를 몇 가지 적어서 다음날 보냈다. 9명의 고객에게 편지를 보냈는데, 1주일 안에 5명의 고객으로부터 전화가 걸려왔다. "계약하시죠." 고객들이 자발적으로 계약을 요청했다. 손편지의 성공률은 55.6퍼센트였다. 내 경험적 데이터에 따르면 회사 차원의 단순 인쇄물이나 이메일과 달리 고객에게 보낸 손편지는 회신율이 69퍼센트로, 2배 이상의 성과를 보였다.

정성을 담아 커뮤니케이션하면 확실하게 고객으로부터 고맙다는 이야기를 들을 수 있다. 성과가 높아지는 것은 덤이다. 최신 마케팅 기법들은 웹이나 애플리케이션상에서의 고객 활동을 분석하려 쿠키를 활용하고, 개인화된 맞춤형 광고를 제공하며, 고객의 눈에 가장 잘 띄는 시간에 이메일을 보낸다. 고객 빅데이터와 머신러닝 기법을 이용한 세그멘테이션은 기본이 되었다.

반면, 손편지는 유물이 되었다. 10년간 한 통의 손편지도 받은 적 없는 사람이 대부분이다. 거래와 상관없이 감사 편지를 보내는 조직이나 직원이라면 믿음이 갈 것이다. 거래 성사 이후의 감사 편지도 효과적이다.

손편지의 장점은 매우 많은 반면, 손편지를 쓸 수 없는 이유는 간단하다. 귀찮고 시간과 노력 같은 자원이 많이 투입되기 때문이다. 하지만 아무도 안 하는 일이기에 차별화 요인이 된다.

성과를 내려면 남보다 고집스럽게 동일한 일을 반복해야 한다. 하다 보면 만족하는 고객이 생기고 거래 상대가 자기 발로 찾아오는 경우가 많아진다. 시간은 유한하기 때문에 고객이 직접 찾아오기까지 한다면 더 많은 타석을 만들 수 있다.

......

Low ball technique

'큰 것을 거래하려면 작은 것부터 팔아라.' 문간에 발 밀어넣기a-foot-in-the-door 혹은 야구에서 치기 쉬운 볼을 던져준다는 의미의 로우 볼low ball, 로우 로직low logic 어프로치다. 처음부터 타인에게 영향력을 행사하려 하면 거부감을 줄 수 있다. 무턱대고 고객의 문제를 해결하겠다고 하는 것은 반드시 팔아먹겠다고 덤비는 것처럼 들린다. 그럴 때 힘을 빼야 한다. 상대에게 쉬운 행동이나 작은 호의를 수락하게 해놓고 큰 부탁으로 연결하면 가능성이 높아진다.

작은 것을 수락하면 큰 것도 수락할 확률이 높다는 가설은 심리학자들의 연구를 통해 확인되었다. 앞마당에 안전운전 캠페인 광고판을 설치하게 해달라고 하자 대부분의 가정이 거절했다. 방법을 바꿔 안전운전 캠페인 동참에 사인을 요청한 후 현관에 작은 스티커를 붙일 수 있게 해달라고 하니 많은 가정이 허락했다. 2주 후 해당 가정을 재방문해서 간판 설치를 요청했더니 상당수의 가정이 요청을 수락했다.

사전에 준비된 구조화된 대화를 시도하면서 단계마다 상대의 작은 수긍을 얻을 수 있다. 동시에 상대가 대화 중에 부정 답변으로 빠지지 않도록 유의해야 한다. 가정 방문 설문 조사에서 자녀 교육에 관심이 많은지를 묻고(답변 : 네), 아이가 고학력자가 되길 바라는지 물은 후(답변 : 네), 고학력과 독서의 연관성을 믿는지 질문하면(답변 : 네) 관심이 높아진다. 그리고 관련된 교육 프로그램을 소개한다. 방문 판매의 잘 알려진 테크닉이다.

드릴이 아닌 구멍

Information VS Intelligence

파괴적 혁신 개념을 창시한 하버드 비즈니스 스쿨Harvard Business School의 클레이튼 크리스텐슨 교수는 '해결과제이론'이라는 것을 제안하면서 고객에게는 언제나 해결할 문제가 있기 때문에 기업들이 이러한 문제에 집중하면 높은 성과를 올릴 수 있다고 주장했다. 애플의 스티브 잡스도 늘 고객이 경험하는 문제에서 시작해 역방향으로 기술로 돌아와 제품과 서비스를 고민해야 기술 기업으로서 큰 성과를 낼 수 있다고 강조했다. 결국 중요한 것은 제품이나 서비스 자체가 아니라 그것이 사용되어 고객에게 제공하는 가치인 것이다. 가치에 대한 이미지와 스토리가 제품과 서비스를 팔리게 만든다.

통상 '정보'를 의미하는 두 단어 Information과 Intelligence는 흔히 혼재되어 사용된다. 둘 사이에는 확실히 차이가 있다. 눈에 보이는 1차 현상을 묘사하는 것이 인포메이션에 해당된다. 가공되지 않은 상태의 원본 데이터나 분석되지 않은 팩트다. 여기에는 어떤 맥락이 포함되지 않는다. 따라서 이런 데이터는 특정 문제의 해결책을 찾는 데 별로 도움이 되지 않는다.

반면, 의미가 담긴 정보를 지칭할 때는 인텔리전스라고 한다. 미국 정보국 CIA는 Central Intelligence Agency의 줄임말이다. 이 기관에서 양산하고 가공한 정보들은 중요한 가치를 지닌다. 인텔리전스는 인포메이션에 기반한다. 인포메이션이 0과 1로 이루어진 데이터 피드, 즉 문맥과 맥락이 없는 정보라고 한다면 이러한 데이터 피드(인포메이션)에 맥락context을 더한 것이 인텔리전스다.

해외 출장 중 쇼윈도의 멋진 재킷이 눈에 들어온다. 가격표에는 50이라고 써있다. 그런데 통화 단위가 적혀 있지 않다? 미국 달러, 일본 엔, 태국 바트, 아르헨티나 페소? 혹은 통화 단위가 적혀 있더라도 환율 정보가 없으면 맥락 없는 정보인 것은 마찬가지다. 재킷 가격이 50인 것을 알아도 소용이 없다.

거래에서는 맥락이 없는 정보는 적게 전달하고 맥락이 있는 정보를 주로 전달해야 고객의 문제를 해결하고 가치를 제공할 수 있다. 벽을 뚫는 드릴을 거래할 것이 아니라 고객이 벽에 만들고 싶어 하는 구멍에 집중해야 한다.

크리스텐슨 교수의 주장처럼 사람들을 움직이기 위해서는 고객의 보이지 않는 '해결할 문제'가 무엇인지 알아야 한다. 그는 수십 년간 기업의 마케팅과 세일즈 담당자, 제품 개발자들이 고객 정보를 수집하고 데이터에 숨겨진 상관관계를 밝히는 데에만 집중했다고 하면서 고객들이 특정 상황(맥락) 속에서 달성하고 싶어 하는 지향점(해결 과제)에 대해서는 충분히 고민하지 않았다고 지적했다. 거래 성과를 높이려면 고객의 과제를 파악하고 그 해결에 필요한 행동을 해야 한다.

전 세계 기업 리더를 대상으로 한 맥킨지McKinsey & Company의 조사 결과에 따르면 84퍼센트의 기업이 성장을 위해서 혁신이 중요하다고 답했다고 한다. 하지만 94퍼센트의 기업은 스스로의 혁신 성과가 형편없다고 평가했다. 과거 어느 때보다 기업들은 고객에 대해 많은 인포메이션을 가지고 있지만 성과로의 연결이 형편없다는 것이다. 문제는 정보다. 고객의 데이터를 분석하고 상관관계는 파악했지만 변화를 초래하는 실천으로 옮기지 못하는 것이다.

A 컨설턴트는 45세 남성이고 신장은 175센티미터, 체중은 72킬로그램이며 발 크기는 275밀리미터다. 자녀가 2명 있는데, 모두 독립했다. 그는 일제 세단을 타고 출퇴근한다. 질문이다. 이 정보를 알았다고 해서 고객은 A에게 일을 맡겨야 할까? A에 대해 조금 알 수야 있겠지만 아직 그의 서비스를 사줄 이유는 없다. A의 서비스가 제공할 가치, 즉 맥락에 대한 확신이 있어야 비로소 사줄 수 있다.

A 컨설턴트 대신 B라는 기업용 컴퓨터, C라는 금융 상품을 대입해보자. 제품과 서비스의 사양, 스펙, 디자인에 대해 고객이 '안다'고 해서 사주어야 할 이유는 없다. 아직 고객의 숨겨진 문제에 대한 솔루션이 제시되지 않았기 때문이다. 여행사 고객이 원하는 것은 편안한 비행기 좌석이나 쾌적한 좋은 호텔 방보다 즐거운 추억이나 진정한 휴식, 비즈니스 출장에 대한 요구 충족일 수 있다. 자동차를 구입하는 고객이 원하는 것은 서스펜션이나 엔진 따위가 아닌 편안하고 안락한 이동 경험이나 멋진 곳에 가고 싶은 기분일 수 있다.

드릴을 사려는 고객이 원하는 것은 시원하게 잘 뚫린 구멍이다. 성공적인 조직은 효과적으로 고객 니즈를 만족시킨다. 이것이 '고객가치제안 Customer Value Proposition; CVP'이다. 고객에게 어떤 가치를 제공할 것인지가 비즈니스의 핵심이다. 거래 성과는 가치를 창조해내는 방법에 좌우된다.

고객이 가진 문제의 중요성이 클수록 현재의 솔루션에 한계를 느낄 것이다. 고객은 새로운 해결책을 필요로 한다. 거래를 통해 새로운 솔루션이 제공되고 인지된 가치가 클수록 고객가치제안의 크기가 커진다.

리히텐슈타인의 하이엔드 전동 공구 업체인 힐티Hilti는 고객 문제에 집중해 사업 모델 자체를 변형시켰다. 기술의 진입 장벽이 없어지고 중국산 저가 제품이 치고 올라오면서 과거의 명성이나 브랜드만 가지고 살아남기 힘들어졌다. 힐티의 고객인 건설 업체들은 제대로 작업을 마치지 못하면 돈을 받지 못한다. 즉, 공구는 작업을 완수하게 해주는 신뢰 그 자체로 인식된다.

공구가 고장 나면 아무 일도 할 수 없다. 따라서 공구 자체보다는 '공구 관리'가 중요하다. 힐티는 공구 대신 공구 관리를 거래하기로 했다. 즉각 수리, 교체, 업그레이드를 제공하면서 1회성 장비 구입 대신 월간의 구독 비용을 제안해 평생 고객을 증가시켰다. 제품 판매 대신 운영 관리 서비스를 제안함으로써 힐티의 법인 공구 서비스는 공구에 '맥락'을 더했다.

고객가치제안 관점에서는 맥락이 중요하다. 맥락(고객의 문제와 해결책)이 거래의 성과를 높인다. 제품, 서비스의 존재만 어필하지 말고 맥락을 팔아야 한다. 고객의 문제와 어떤 상관이 있는지 전달함으로써 고객의 삶을 어떻게 더 나은 것으로 만들지 설명해야 한다.

문제 해결 전문가

21세기는 컨설턴트 전성시대다. 비즈니스 컨설턴트, 창업 컨설턴트, 세일즈 컨설턴트, 파이낸셜 컨설턴트, 리스크 컨설턴트, 채무 컨설턴트 등 영역에 따라 명칭도 다양하다. 그들은 특정 분야에 전문성을 갖춘 사람들이다. 컨설턴트consultant란 특정한 진단, 조언, 지도를 직업으로 하는 전문가로 해석된다. 컨설팅의 공통분모는 '설득력'이다. 그러므로 컨설턴트는 설득력을 판매하는 프로다.

아리스토텔레스가 말했듯 인간은 관계성 없이 살 수 없다. 타인의 태도(특정한 대상에 대해 갖고 있는 인지, 정서적 신념)를 바꾸고 행동을 변화시킬 목적으로 다양한 노력을 기울이는 것이 설득이다. 전문가라면 어떻게 타인의 태도를 변화시킬지 고민해야 한다. 심리학자들은 사람들의 태도 변화에 영향을 주는 요인들을 연구했다. 같은 말이라도 전문가가 하면 더 와닿는데, 이것이 '후광효과Halo Effect'다.

거래를 성사시키려면 전문성이 필요하다. 설득에 능한 사람은 북극에서 냉장고도 팔 수 있다. 북극에서 냉장고를 팔려면 제품과 서비스에 대한 정확한 정보에 더해 북극 생활에서 냉장고의 니즈를 파악해야 할 뿐만 아니라 프로의 설득력까지 갖추어야 한다. 컨설턴트의 전문성이 곧 설득력이다.

설득력은 중요한 스킬이다. 전문가의 설득력이 창조되는 과정을 한 문장으로 하면 '고객의 니즈를 올리고 허들을 내린다'라고 압축된다. 니즈가 높고 허들이 낮다는 것은 거래 상대가 스스로 결정할 수 있는 상황에 있다는 것이다.

설득의 성공 여부는 설득하는 사람과 당하는 사람의 태도, 감정과 관련이 있다. 어떤 사람이 특정 사안에 대해 기존의 태도를 확고히 하고 있으면 새로운 정보나 객관적 사실로도 태도를 변화시키는 데 어려움이 따른다. 따라서 한번에 상대의 태도를 바꾸기는 어려우므로 작은 것에서부터 수긍을 얻어야 한다. 태도가 변화되면 설득이 가능하고 행동 변화도 가능하다.

내용을 어떤 식으로 제시하는지에 따라서도 설득 효과는 달라진다. A 직원은 뜬금없이 고객에게 전화를 걸어 자동차 리스 만료 시점이 다가오므로 신차로 바꿔 타라고 제안한다. 고객은 당연히 거절한다. 반면, B 직원은 고객에게 전화를 걸어 고객의 중고차 잔존 가치가 상당 부분 남아있다고 알려준다. 만약 신차 교체를 고려한다면 지금이 좋은 타이밍이니 참고하라고 말한다. 고객은 '그런 것까지 생각해주나?'라는 생각과 함께 만약 바꿔 타려면 어떻게 하면 되느냐고 B 직원에게 질문한다.

어느 연구에서는 한 집단에는 무작위로 복권을 나누어 주고 다른 집단에는 스스로 번호를 고르도록 했다. 나중에 복권을 되팔라고 했을 때 사람들은 직접 고른 복권에 더 높은 가격을 요구했다. 즉, 사람은 스스로 결정한 선택에 높은 가치를 부여한다. 상대를 설득하려면 스스로 선택했다는 느낌이 들도록 해야 한다.

컨설턴트의 설득력이란 니즈를 올리고 허들을 낮추는 것이라고 했다. 고객의 니즈는 '거래하고 싶은 마음', 즉 사고 싶은 이유다. 반면, 허들은 '사고 싶은 마음을 방해하는 것', 즉 살 수 없는 이유다. 허들은 고객의 문제 해결에 장애가 되는 요인들이다. 이처럼 고객에게는 사고 싶은 이유와 살 수 없는 이유가 공존한다.

무게를 재는 양손 저울을 상상해보자. 저울 한쪽에는 니즈(사고 싶은 이유)가, 반대쪽에 허들(살 수 없는 이유)이 올려져 있다. 니즈가 무겁게(크게) 느껴지도록 만들 수 있다면 상대적으로 허들은 가볍게(작게) 느껴질 것이다. 반대로 허들이 무겁다면(크다면) 니즈는 가벼워질(작아질) 것이다. 이 경우 고객과 거래는 성사되지 않는다.

집을 보러 온 커플이 있다. 처음에는 분위기가 좋았는데, 곧 안 사겠다고 한다. 니즈를 크게 느끼게 하거나 허들을 낮추어주어야 한다. 새집을 사고 싶은 기분이 니즈이므로 어떻게 하면 고객이 집을 더 매력적으로 느낄지 고민해야 한다. 실질적 결정권자인 아내가 좋아할 요소인 모던 스타일의 부엌을 강조하고 귀여운 자녀들이 뛰어놀 수 있는 다락방을 중점적으로 보여준다. 아무래도 살 수 없다면 아직 허들이 높은 것이다. 허들을 잘게 쪼개어 하나씩 부수어야 한다. 안 사겠다는 이유를 쪼개보면 다양한 요인이 존재한다. 첫째는 가격, 집값이 예산을 초과한다. 둘째는 금융, 대출이 충분히 나오지 않는다. 셋째는 가족의 반대, 남편은 지금 집에서 이사가기를 싫어한다.

집값이 예산을 초과한다면 가격 조정 여지를 고려한다. 한번에 해결되지 않겠지만 심리적인 장벽을 다소 줄여 거래 상대가 재고하도록 도울 수 있다. 특가 급매물(한정형 제안)의 가격 메리트를 설명해 추가적으로 허들을 낮출 수 있다. 대출에 어려움이 있다면 다른 금융기관이나 금융 상품을 확인해 더 나은 조건으로 대출받을 수 있는 곳을 소개한다. 남편이 반대하면 아내의 양해를 얻어 직접 대화를 해본다. 하나씩 허들을 낮추면 점점 니즈쪽으로 저울이 기울 수 있다.

이것이 전문가가 하는 일이다. 1개의 작은 허들을 부순다고 쉽게 저울의 방향이 바뀌지 않을 수 있다. 거래 결정은 고객이 하는 것이므로 컨설턴트는 고객이 스스로 결정할 수 있는 상황에 다가서도록 도움을 주어야 한다. 유명한 농구 만화의 명대사처럼 왼손은 거들 뿐이다.

......

니즈를 만들어라 : Sell me this pen

고객의 니즈를 '만들어내는 것'이 곧 혁신이다. 영화 「더 울프 오브 월스트리트*The Wolf of Wall Street*」는 뉴욕 롱아일랜드섬의 증권 거래인이었던 조던 벨포트Jordan Belfort의 자전적 이야기를 다룬다. 영화는 밑바닥 인생의 청년이 천부적인 거래 능력을 발휘해 증권시장 정상에 오른 후 추락하는 과정을 그린다. 마지막에 감옥에서 출소한 그는 자신의 경험과 능력을 활용해 강연 전문가로 변신한다. 청중으로 가득한 강연장에서 벨포트는 조용히 강단 밑으로 내려와 손에 든 펜 한 자루를 앞에 앉은 남자에게 내밀며 말한다. "나에게 이 펜을 팔아보세요Sell me this pen." 당황한 남자가 이것은 정말 좋은 펜으로, 프로페셔널을 위한 제품이라고 버벅대는 동안 벨포트는 펜을 빼앗아 다음 청중에게 건넨다. 두 번째 사람은 이건 좋은 펜이고 메모를 할 수 있고 기억에 도움이 된다고 말한다. 벨포트는 다시 옆사람에게 펜을 건네고, 세 번째 사람은 이 펜은 잘 써지고 개인적으로 좋아한다고 말한다. 그리고 영화는 끝난다.

첫 번째 사람은 좋은 제품이라고 말했고, 두 번째와 세 번째 사람은 주로 기능에 대해 말했다. 셋 다 공통적으로 피치를 올리고 있다. 벨포트는 그들에게 제품 설명이 아닌 자신에게 팔아보라고 했지만 사람들은 제품에 대해 '설명'하기 바빴다.

만약 설명을 하는 대신 왜 이 펜을 사려고 하는지 물었다면 어땠을까? 혹은 이 펜에서 무엇을 기대하는지 물을 수도 있다. 그랬다면 대화 프레임이 달라지고 영업 직원이 아닌 고객이 먼저 이야기를 시작할 것이다. 영화의 마지막 장면은 니즈 파악을 위한 좋은 질문의 중요성을 전하고 있다.

니즈 파악이 중요한 만큼 니즈가 창조될 수 있음을 이해하는 것도 중요하다. 판매의 유형은 세 가지로 구분할 수 있다. 첫째는 '가치 기반 판매value based selling'다. 가장 보편적인 방식으로, 제품이나 서비스의 본질적 가치를 강조하는 것이다. 선글라스라면 편광 렌즈 사용, 가벼운 무게, 착용성 등 상품의 특성과 강점을 열거할 수 있다. 다양한 특성 중 고객이 원하는 것이 있다면 거래로 연결된다.

둘째는 고객 니즈에 기반한 '해결책 중심 판매solution based selling'다. 여기서는 고객 문제를 먼저 발견하고 가능한 해결책을 제시한다. 설명보다는 질문이 필요하다. 왜 선글라스를 사려는지 묻거나 어떤 면을 중시하는지 묻는 것은 고객의 문제를 해결해주려는 접근이다. 상위 5퍼센트의 고성과 자들은 이런 식으로 접근한다.

셋째는 '니즈 창조 판매needs and problem creation selling'다. 아직 발견되지 않았거나 인지되지 않은 니즈를 '만드는' 것이다. 극소수의 고성과 조직과 직원만이 이런 식으로 접근한다. 스티브 잡스는 니즈를 창조하는 관점에 동의하는 리더였고 마케팅을 할 때는 소비자 조사 결과를 그다지 신뢰하지 않았다. 고객 스스로도 알지 못하는 니즈는 조사에서 드러나지 않기 때문이다. "나에게 이 선글라스를 팔아보세요"라는 말에 대꾸 없이 상대의 눈앞에 휴대전화 플래시를 가져다 댄다면 니즈의 창조다. 필요 없던 것이 필요하게 되었다. 상대를 밀어내는 대신 끌어당길 수 있게 되었다.

고객에게 기존에 없던 니즈를 느끼게 할 수 있다면 많은 스킬이 필요 없다. 현대 비즈니스의 선구자로 불리는 존 헨리 패터슨John H. Patterson은 20세기 초 고객과의 교환관계를 연구해 체계적으로 기업에 접목시켰다. 그는 1884년 National Cash Register, 줄여서 NCR이라는 이름의 회사를 창업했다. NCR은 금전 등록기와 매장 관리 솔루션, ATM 등 다양한 산업 분야에서 IT 솔루션과 컨설팅 서비스를 제공하는 방식으로 비즈니스를 확대했다. IBM의 창립자 토마스 왓슨Thomas J. Watson Jr.도 그의 밑에서 일을 배웠다. 현대 기업이 활용하는 '고객관계관리Customer Relationship Management', CRM', 가치 판매, 구조화된 판매 기법 등이 모두 그의 작품이다. 현대 영업 조직, 교육 프로그램, 인센티브 제도, 판매 지침, 상담 포트폴리오, 다이렉트 메일 활용 등도 그가 고안한 것이다.

그가 많은 일을 한 이유는 NCR의 조직 역량이 너무 낮아 '고객이 제품을 원하는데도 팔 수 없는 상태'였기 때문이다. 초창기 시장에는 금전 등록기에 대한 니즈 자체가 없었다. 금전 등록기가 매출 관리 효율을 높여줄 수 있는데도 시장은 원하지 않았다. 따라서 패터슨은 제품 니즈를 만드는 일에 집중했는데, 수요가 없다면 창조할 셈이었다.

그는 '금전 등록기가 아닌 영수증을 팔라'고 조직에 지시했다. 패터슨은 제품 구매자인 상점 주인이 아니라 상점을 방문하는 고객에 집중했다. 수요가 구매를 이끈다는 원칙을 파악한 것이다. 소비자들에게 상점에서 반드시 영수증을 받으라는 계몽 캠페인을 펼쳤다. 소비자 인식이 변화하면서 영수증을 받는 일이 상식이 되었고 고객들은 돈을 내고 영수증을 요구했다. 어쩔 수 없이 제품이 판매되기 시작했다. 이런 패터슨의 전략은 수요 창출 접근으로 불린다. 그의 도전 이후 고객의 니즈는 창조될 수 있는 것으로 인식되기 시작했다.

거래를 추구하는 삶

오랜 기간 동안 뛰어난 사람들로부터 배우고 들은 것을 정리하고 벽돌한 장을 더 얹었다. 가르침과 영감을 주신 모든 분들께 감사드린다. 기업은곧 사람이고 고객도 사람이다. 거래, 교환관계라는 말로 정리했지만 결국우리가 경영하는 모든 일은 '사람'에 대한 것이다.

어떤 매니저가 직원들을 대상으로 교육을 하다 마지막에 칠판에 커다랗게 썼다. '솔직×열의×행동=성과' 그는 진실한 마음을 가진 사람이 열의를가지고 행동으로 옮길 때 비로소 성과로 이어진다고 확신에 찬 눈길로 말했다. 높은 성과를 지향하고 더 즐겁게 일하자. 다른 결과를 원한다면 우리에게는 지금과 다른 동기, 태도, 지식, 행동과 스킬이 필요하다. 그 작은 변화를 지속해서 실천하다 보면 관계 속에서 뿌듯함과 즐거움과 보람을 느낄지도 모른다. 그리고 작은 성과에서 느낀 뿌듯함이 우리를 다음 과제에도전하게 만들 것이다.

2014년의 어느 날, 옵서버로 참석한 일본 구마모토의 영업 직원 연수에서 내가 가장 존경하는 경영자 중 1명인 사이토 부사장은 직원들에게 직접편지를 썼다. 그는 직원들에게 일을 즐겁게 할 수 있는 방법으로서 마음가짐, 행동과 스킬을 연마할 당위성을 설명했다. 그 편지에서 나는 그가 경영자로서 얼마나 직원들을 아끼고 사랑하는지 새삼 느낄 수 있었다.

일본어에서 '일의 힘仕事力'이란 말은 우리말로 '업무 능력', '업무 역량', '스킬' 정도로 해석되겠지만 완전히 동일한 뉘앙스를 전달하지는 못한다. 나는 일의 힘에 대한 그의 편지를 전하면서 이 부족한 글을 마무리하고자 한다.

여러분은 매일, 일을 즐기고 있습니까?

일이 즐겁지 않지만 수입을 위해서 어쩔 수 없다는 생각을 가지고 있나요? 하루 일과가 끝나면 인생을 즐기자는 생각을 하고 있나요? 하지만 그렇게 생각하기에 우리 인생이 너무 아깝지 않은지 한번 생각해봤으면 합니다. 우리는 인생 대부분의 시간을 일에 사용합니다. 그 시간의 대부분이 즐겁지 않다는 것은 너무 아까운 일이라고 생각합니다.

일을 즐기자.

이상적인 이야기라고 생각하는 사람이 대부분일 것 같습니다. 만약 지금 일이 전혀 즐겁다고 느껴지지 않고 향후에도 즐거워질 가능성이 없다면 너무 슬픈 일입니다. 수입을 얻기 위해 싫은 일을 하는 것만큼 자신이나 주변 사람에게 큰 마이너스가 되는 일은 없을 것입니다.

그렇지만 일이 즐겁다고 느끼는 순간은 전혀 없습니까? 아닐 것입니다.

대부분의 사람들은 직장에서 즐겁고 충만한 경험을 가지고 있을 것입니다. 분명 즐거운 경험이 있는데, 즐겁지 않은 것은 또 왜 그럴까요? 각자의 형편과 환경에 따라 여러 이유가 있을 것입니다. 다양한 이유가 있겠지만 진지하게 생각하다 보면 일을 즐길 수 있는 힌트가 발견될지 모릅니다.

한 가지 방법은 일의 힘을 높이는 것입니다. 일을 즐기려면 긍정적으로 일이란 재미있다고 믿는 정신적인 요인이 있어야 하고 기본적인 일의 힘도 필요합니다. 간단합니다. 일이 잘 되지 않으면 즐겁게 할 수 없겠지요. 일의 힘이란 개인이 타고난 능력이 아니라 업무의 질을 높이거나 일 처리를 빠르게 하는 방법 혹은 노하우라고 이해해주십시오.

예를 들어 같은 일을 하더라도 어떤 사람은 정확하고 틀림없다는 평가를 받는 반면, 일 처리가 느리고 도움도 안 된다는 평가를 받는 사람이 있습니다. **의외로 당연한 일을 당연하게 하는가, 아닌가에 따라 그런 차이가 납니다.** 일의 힘이 높아지면 다방면으로 성과가 발현될 것입니다. 주위를 살펴보기 바랍니다. 인정받는 사람이 있는가 하면 '그 녀석 쓸모없어'라는 평가를 받는 사람도 있습니다.

인정받는 사람의 공통점은 무엇일까요? 일을 즐긴다는 것입니다. 결코 **'즐거운 일'을 하는 것이 아닙니다. 어디까지나 일을 '즐겁게 하는' 것입니다.** 일을 즐기는 것은 노력과 마음가짐으로 가능합니다. 그런 노력과 마음가짐은 반드시 여러분의 능력을 끌어내고 높여줄 것입니다. 그러면 점점 일이 즐거워질 것입니다.

그러기 위해서 오늘은 우선 실천해봅시다. 일의 힘을 높이고 인생의 대부분을 보내는 회사에서 일을 즐기는 것을 생각합시다.

국내 참고문헌

Arsenyev, V. (2008). 타이가에서의 만남. 피데스.

Brady, S. (2011). 도어 투 도어. 시공사.

Burg, B., & Mann, J. D. (2011). 가슴은 뜨겁게 접촉은 가볍게. 앱북스.

Cialdini, R. (2013). 설득의 심리학. 21세기북스.

Ekman, P. (2006). 얼굴의 심리학. 바다출판사.

Gordon, T. (2011). 보험왕 토니고든의 영업노트. 경향미디어.

Hasegawa, K. (2010). 2천개 적자회사를 살려낸 사장의 노트. 서울문화사.

Hirada, M. (2009). 이시다 바이간에게 배운다. 멜론.

Kamisawa, N. (2009). 도쿄 디즈니랜드 스토리. 한스미디어.

Mandino, O. (2000). 위대한 상인의 비밀. 문진출판사.

MIDAS IT. (2022). AI 역량검사 백서. MIDAS HRi.

Mitani, K. (2015). 세상을 바꾼 비즈니스 모델 70. 더난출판사.

Noesner, G. (2012). 이기는 사람은 악마도 설득한다. 라이프맵.

Seligman, M. (2014). 마틴 셀리그만의 긍정심리학. 물푸레.

Shibata, M. (2004). 40대, 무엇을 어떻게 할 것인가. 홍익출판사.

Welch, J. (2015). 잭 웰치의 마지막 강의. 알프레드.

Yokohama, N. (2013). 절대달성하는 인재 만들기. 위드유북스.

곽준식. (2012). 프로스펙트 이론: 이익은 나누고 손실은 합하라. 동아비즈니스 리뷰.

권상희. (2016). 컴퍼니 리뷰 29, 링크드인. 전자신문.

권오현. (2018). 초격차. 쌤앤파커스.

김지수. (2004). 디지털 인맥과 인간 관계망(human network). 정보통신정책, 16(16), 1-19.

송지유. (2022). "출근은 하되, 애쓰지 않기로 했다"…'조용한 퇴직'을 아시나요. 머니투데이.

조재완. (2018). 팀 쿡 "시총 1조달러? 자랑스럽지만 가장 중요한 지표 아냐'. 뉴스핌.

통계청. (2019). 2019년 생활시간조사 결과.

허건식. (2006). 무도연구기초. 무지개사.

해외 참고문헌

Ash, R. (1997). The Top 10 of Everything. DK Publishing.

Assaraf, J., & Smith, M. (2008). The Answer: Grow Any Business, Achieve Financial Freedom, and Live an Extraordinary Life. Simon & Schuster.

Berne, E. (2016). Transactional analysis in psychotherapy: A systematic individual and social psychiatry. Pickle Partners Publishing.

Bryar, C., & Carr, B. (2021). Working Backwards: Insights, Stories, and Secrets from Inside Amazon. Pan Macmillan.

Cespedes, F. (2021). Sales Management That Works: How to Sell in a World That Never Stops Changing. Harvard Business Review Press.

Conwell, R. H., & Shackleton, R. (1915). Acres of diamonds. Harper & Brothers.

Csikszentmihalyi, M. (1991). Flow: The psychology of optimal experience. Harper Perennial.

Erickson, M. H., & Rosen, S. (1991). My Voice Will Go with You: The Teaching Tales of Milton H. Erickson. WW Norton & Company.

Fitzsimons, G. J., & Moore, S. G. (2008). Should we ask our Children about Sex, Drugs and Rock & Roll?: Potentially Harmful Effects of Asking Questions About Risky Behaviors. Journal of consumer psychology, 18(2), 82-95.

Friedman, W. A. (2005). Birth of a Salesman. Harvard University Press.

Gelb, D. (2011). Jiro Dreams of Sushi T. Magnolia Pictures.

Girard, J. (2012). How to sell anything to anybody. Simon & Schuster.

Grant, A. (2014). Give and take: Why helping others drives our success. Penguin Books.

Grant, A. (2016). The surprising habits of original thinkers. TED.

Grove, A. S. (1983). High output management. Random House.

Jablensky, A. (2007). Living in a Kraepelinian world: Kraepelin's impact on modern psychiatry. History of Psychiatry, 18(3), 381-388.

Johnson, K. E. (2018). How to Keep New Year's Resolutions. The University of Scranton.

Johnson, M., W., Christensen, C., M., & Kagermann, H. (2008). Reinventing your business model. Harvard Business Review, 86(12), 50-59.

Kahneman, D., & Tversky, A. (2013). Prospect Theory: An Analysis of Decision Under Risk. In L. C. MacLean & W. T. Ziemba (Eds.), Handbook of the Fundamentals of Financial Decision Making (pp. 99-127).

Kim, S., Lee, H., & Connerton, T. P. (2020). How Psychological Safety Affects Team Performance: Mediating Role of Efficacy and Learning Behavior. Frontiers in Psychology, 11(1581).

Kim, W. C., & Mauborgne, R. (2017). Blue ocean shift: Beyond competing-proven steps to inspire confidence and seize new growth. Hachette Books.

Krashen, S. D. (1981). Second Language Acquisition and Second Language Learning. Pergamon Press.

Lewis, M. (2004). Moneyball: The art of winning an unfair game. WW Norton & Company.

Locke, E. A., & Latham, G. P. (1990). A theory of goal setting and task performance. Prentice Hall.

Lundin, S. C., Paul, H., & Christensen, J. (2014). Fish! : A proven way to boost morale and improve results. Hodder & Stoughton.

Meyer, D. (2017). The art of hospitality, Union Square Hospitality Group.

Park, C. W., Jun, S. Y., & MacInnis, D. J. (2000). Choosing what I want versus rejecting what I do not want: An application of decision framing to product option choice decisions. Journal of Marketing Research, 37(2), 187-202.

Porter, M. E. (1980). Competitive strategy: Techniques for Analyzing Industries and Competitors. The Free Press.

Ryan, R. M., & Deci, E. L. (2000). Self-determination theory and the facilitation of intrinsic motivation, social development, and well-being. American psychologist, 55(1), 68-78.

Sinek, S. (2009). Start with why: How great leaders inspire everyone to take action. Penguin.

Smith, A. (2010). The Wealth of Nations: An inquiry into the nature and causes of the Wealth of Nations. Harriman House Limited.

Stierli, M., Shorrocks, A., Davies, J. B., Lluberas, R., & Koutsoukis, A. (2015). Global Wealth Report 2015. Credit Suisse.

Templeton, J. (2013). Templeton Plan: 21 Steps to Personal success and Real Happiness. Templeton Foundation Press.

Tracy, B. (1993). Maximum achievement. Simon & Schuster.

Travers, J., & Milgram, S. (1967). The small world problem. Phychology Today, 1(1), 61-67.

Umetsu, M. (1984). てんびんの詩, Takemoto, K.

Vance, A. (2015). Elon Musk: Tesla, SpaceX, and the Quest for a Fantastic Future. Harper Collins.

Williams, R. B. (2016). Why Do We Fail To Keep Our New Year's Resolutions? Psychology Today.

Zenger, J., & Folkman, J. (2013). Overcoming Feedback Phobia: Take the First Step. Harvard Business Review.